今川民雄・山口 司・渡辺 舞 編
Tamio Imagawa, Tsukasa Yamaguchi, & Mai Watanabe

人とのつながりとこころ

●人と社会を見通す心理学

ナカニシヤ出版

目次

はじめに［今川民雄］ ………………………………………………………… 1

第1章　人のこころが変わった？ ……………………………… 9
　1．ケイタイとパーソナル・スペースと人とのつながり
　　　　［今川民雄］　10
　2．ブログでの自己表現というこころ［今川民雄］　14
　3．「おひとりさま」という在り方とこころ［渡辺　舞］　18
　4．様々な装いとこころ模様［山口　司］　22
　5．「断捨離」と「もったいない」にも共通のこころ
　　　　［今川民雄］　27
　6．プライバシーが侵害される？［今川民雄］　31
　7．社会的迷惑行為が増えている？［今川民雄］　35
　8．フリーターをどう見るか［渡辺　舞］　39
　9．授業中に私語をするこころ［今川民雄］　43
　10．自己中が走る［今川民雄］　48

第2章　人とのつながりが変わった？ ……………………… 53
　1．ケイタイと人とのつながり［今川民雄］　54
　2．SNSは世界を広げる？［今川民雄］　58
　3．若者の友人関係の希薄化とひとりぼっち回避［渡辺　舞］　62
　4．ママ友というつながり方［佐藤　梓］　66
　5．今どきの若者の恋愛という関係［山口　司］　71
　6．人とのつながりと失恋［山口　司］　75
　7．人とのつながりは高齢者になると変わる？［山口　司］　79
　8．今どきの親と子のつながり方［佐藤　梓］　84

9．人とのつながりに臆病になる［後藤　学］　88
  10．今，人を支援するとは［今川民雄］　92

第3章　人とのつながりと傷つき……………………………97
  1．現代人の生活とストレス［大盛久史］　98
  2．人とのつながりと対象喪失［山口　司］　103
  3．人とのつながりと「燃え尽き」［河原(玉浦)由紀］　108
  4．人とのつながりと抑うつ［松村貴子］　112
  5．親と子のつながりと虐待［渡邊洋平］　116
  6．人とのつながりとこころの居場所［相澤知美］　120
  7．他者との関わりと社会的ひきこもり［蔵本信比古］　125
  8．デートDV（ドメスティック・ヴァイオレンス）と攻撃性
　　　　［今川民雄］　129
  9．電話でしかつながらない関係［青山琴美］　133
  10．被災者と支援とのつながり［尾山とし子］　137

第4章　人とのつながりの中に生きる……………………141
  1．人とのつながりと自己成長［信野良太］　142
  2．人とのつながりと自己開示［丸山利弥］　147
  3．人とのつながりと親密化［渡辺　舞］　152
  4．人とのつながりは自己を通じてのつながりであるということ
　　　　［吉田未来］　156
  5．人とのつながりと楽観性［青陽千果］　160
  6．人とのつながりとwell-being［青陽千果］　165
  7．失恋しても終わらない関わり［山口　司］　169
  8．ユーモアと笑いと健康［今川民雄］　174
  9．外見という自己呈示［今川民雄］　178
  10．社会的アイデンティティと関係的自己［今川民雄］　182
  11．日本人と中国人とのつながり［王　怡］　187

おわりに［今川民雄］………………………………………………193
索　引　197

はじめに

　どのくらい前だったかはっきりとは憶えていないのですが，私のゼミの4年目の学生のボヤキとも違和感ともとれるつぶやきを小耳にはさんだのです。曰く，「今年の1年生は何を考えているのかわからない」。筆者からすれば，たかだか2～3年の違いと思われましたが，まだ若い彼らにとっては，それこそ異邦人と出会ったような感じだったのでしょう。わずか数年の違いでも，人のこころの理解や人とのつながり方にも影響することがうかがい知れます。ところで戦後70年経ち，「人々のこころ」や「人々のつながり方」はどう変わってきたのでしょうか。今その変化の最先端にいる私たちが，変化の有り様を考えてみたいというのが，本書を企画にあたっての編者らの思いです。本書の執筆者のこころに写った人々の有り様について，心理学というベースに立ちながら考えてみようという試みです。

　この「はじめに」では，戦後70年間に日本がどのように変わってきたのかの一部を，統計のデータで見てみたいと思います。まず年齢別人口構成の推移を見てみましょう。

　図0-1は年齢別の日本の人口の変遷です。総人口の増加が2000年ごろで頭打ちになっていること，ほぼ同じ時点で65歳以上人口と0-14歳児人口が逆転をしていること，そして同じ頃15-64歳の人口が減少に転じていることがわかります。

　では，この間の都市人口と地方人口の変遷を見てみましょう。

　図0-2を見ると，1955年頃を境にして都市部の人口が急激に増加し，郡部

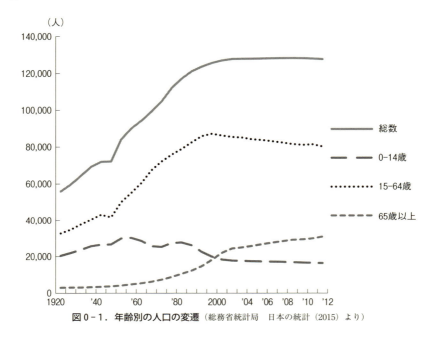
図0-1. 年齢別の人口の変遷（総務省統計局 日本の統計（2015）より）

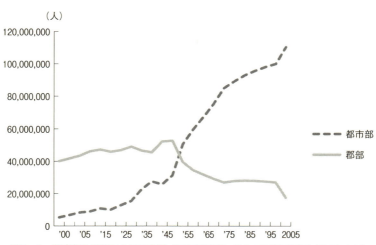
図0-2. 都市部と郡部の人口の変遷（総務省統計局 日本の長期統計系列（2015）より）

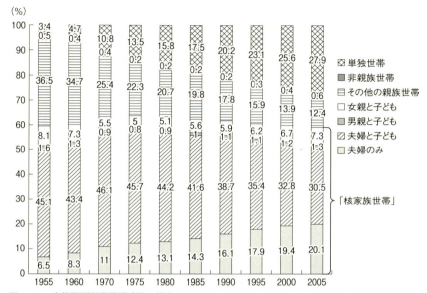

図0-3．家族類型別世帯構成比の推移（HATENA DIARY　リスタート　核家族化の基礎資料（2015）より）

の人口が急激に減少，1975年ごろから2000年の間は郡部人口の減少に歯止めがかかったように見えますが，その後またさらに減少傾向が見られます。この人口移動から急激な都市化が進んだことがうかがえます。

3つ目のデータとして，核家族を中心とした変遷を，世帯構成の割合の変遷によって見てみたいと思います。

図0-3は人口に占める家族類型の割合の推移です。核家族の割合は1970年から1980年にかけてピークを迎えますが，その後は少しずつ減っています。その中で夫婦のみの家族の割合が増え続けている点が特徴です。他方単独世帯が増え続けており，その分それ以外の家族形態が減少し続けています。高齢化と若者の単身化がうかがえます。

では次に職業の割合がどう変わってきたかを見てみましょう。

図0-4は産業別の就業者数の全体に対する割合の変遷を示しています。第一次産業である農林漁業の急激な低下と，サービス業の急増が顕著です。第一次産業と製造業などを含めた「ものつくり」をしている就業者の割合が，1950

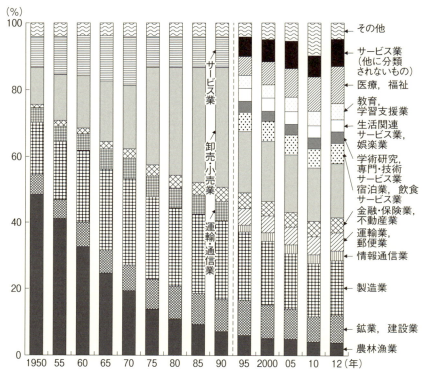

資料出所 総務省統計局「国勢調査（1950〜2010年）」,「労働力調査（2012年）」をもとに厚生労働省労働政策担当参事官室にて作成

（注） 1）1995年, 2000年及び2005年は, 総務省統計局による抽出詳細集計に基づく推計, 集計である。1990年までとは産業の表章が異なっており, 接合は行えない。
2）1995年以降の運輸業には郵便業を含み, 金融・保険業, 不動産業には物品賃貸業を含む。また, 飲食店, 宿泊業は宿泊業, 飲食サービス業としている。
3）1990年までの卸売・小売業には飲食店を含む。
4）2010年は「労働者派遣事業所の派遣社員」を派遣先の産業に分類していることから, 派遣元である「サービス業（他に分類されないもの）」に分類している他の年との比較には注意を要する。

図0-4. 産業別就業者構成割合の推移（厚生労働省 労働経済の分析（2014）より）

年には7割を超えていたのに対し, 2012年には3割を切っています。

ではこの間女性の就業状況はどう変化したのでしょうか（図0-5）。

労働力率とは図の説明にあるように, 当該年齢階級の人口に占める就業者と完全失業者の割合です。同じ年齢階級でどのくらいの人が働いているかの指標

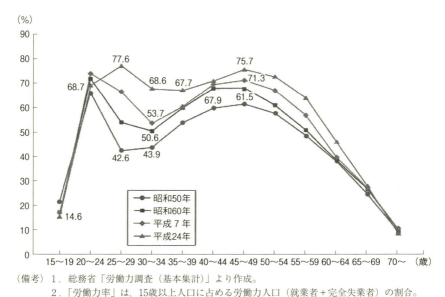

（備考）1．総務省「労働力調査（基本集計）」より作成。
　　　　2．「労働力率」は，15歳以上人口に占める労働力人口（就業者＋完全失業者）の割合。
図0-5．女性の年齢階級別労働力率の推移（内閣府男女共同参画局（2014）男女共同参画白書　平成25年度版より）

になります。この図0-5によると，昭和50年（1975年）には20～24歳で3分の2くらいの女性が仕事に就いているのに対し，25歳から34歳で50％を切っているのは，いわゆる寿退社のためと考えられます。しかし平成24年（2012年）には労働力率の低下は5歳ほど年齢が上がったうえで，その低下も大きくはありません。女性が仕事をする割合が高まっていることがうかがわれます。

　このように職業に就く背景には進学率の上昇があります。そのデータを見てみましょう（図0-6）。

　高校への進学率は1975年には90％を超え，1990年代には95％を超えています。大学進学率は1975年には4割近くまで上昇しますが，1990年代までは横ばい状態となり，また上昇に転じて2005年以降は5割を超えています。1950年には1割ほどだった大学進学率は，近年は5割を超え，同じ世代の過半数が大学進学をしていることになります。

　次に取り上げるのは，携帯・スマホの普及率の推移です。本書でもケイタイ（携帯電話）の普及率の上昇がもたらしたと考えられる現象を少なからず取り

高校・大学進学率の推移

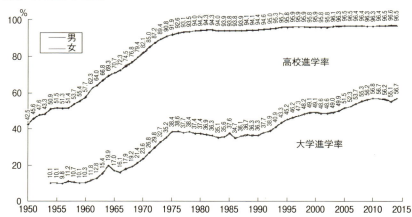

(注) 高校進学率は，中学校卒業者及び中等教育学校前期過程修了者のうち，高等学校等の本科・別科，高等専門学校に進学した者（就職進学した者を含み，浪人は含まない）の占める比率。大学進学率は，大学学部・短期大学本科入学者数（過年度高卒者等を含む）を3年前の中学校卒業者数及び中等教育学校前期過程修了者数で除した比率。数字は男女計の値。最新2014年は速報

(資料) e-Stat 学校基本調査　年次統計

図0-6．高等学校・大学進学率の推移 (社会実情図録（2015）より)

上げています（図0-7）。

携帯電話は，1990年代の初めにはほとんど普及していませんでした。それが1990年代の後半になって普及し始め，2000年代に入ると50％を超え，現在では100％を超えています。

つまりスマホも含め，一人で複数の携帯を持つ人もいるという時代になっています。

最後にコンビニエンスストアの店舗数の変遷を見てみましょう。

図0-8には主要10社のコンビニエンスストアの数の変遷が示されています。1984年には全国で6,349店舗に過ぎなかったものが，現在では5万店舗を超えています。大雑把に考えても，2,000人から3,000人に一店舗あることになります。「近くにコンビニもない」という言葉が日常用語になってしまい，かえって珍らしく響いてしまうくらい，普通に身近に存在するようになったことがうかがわれます。

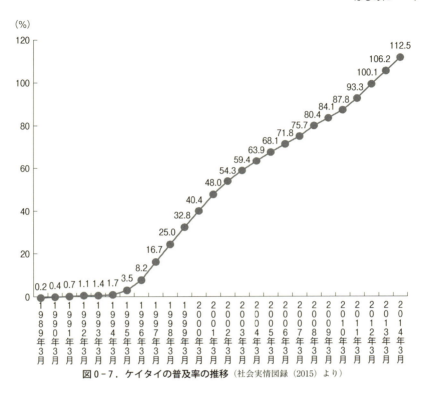

図0-7．ケイタイの普及率の推移（社会実情図録（2015）より）

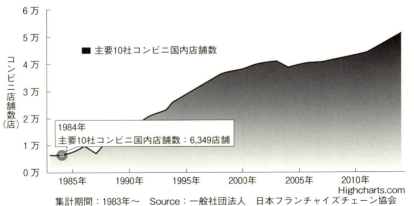

図0-8．コンビニエンスストアの店舗数の推移（HighCharts FreQuent（2015）より）

戦後の日本の変遷を表す，ごく一部の統計データを取り上げてみました。社会のシステムに変化をもたらす要因は，政治的・経済的・科学技術的な面の変化などによる影響が大きいと思われます。しかし，そうした変化は本来，人とのつながりに直接影響を及ぼすことを目的としているわけではありません。しかし人とのつながりの様相は，そうした社会システムの変化の影響を直接的に，また間接的に受けていると思われます。そしてまた，それ以外の様々な要因の影響も受けると思われます。統計のデータに表れた社会の，そして科学技術の進歩や情報化社会の進展は，家族の中での人とのつながり方や地域の中での人とのつながり方，世代による人とのつながり方，友人とのつながり方などに影響してきたと考えられます。本書では，影響や変化の結果としての人のこころの在り方やつながりの在り方に焦点を当てて取り上げたいと考えています。

◆◆引用文献◆◆
HATENA DIARY　リスタート　核家族化の基礎資料（2015）．
　　〈http://d.hatena.ne.jp/Pada/20110824/1314188056〉
HighCharts FreQuent（2015）．〈http://frequ2156.blog.fc2.com/blog-entry-106.html〉
厚生労働省　労働経済の分析（2014）．
　　〈http://www.mhlw.go.jp/wp/hakusyo/roudou/13/dl/13-1-4_02.pdf〉
内閣府男女共同参画局（2014）．男女共同参画白書平成25年度版〈http://www.gender.go.jp/about_danjo/whitepaper/h25/zentai/html/zuhyo/zuhyo01-02-01.html〉
総務省統計局　日本の長期統計系列（2015）．
　　〈http://www.stat.go.jp/data/chouki/02.htm〉
総務省統計局　日本の統計（2015）．〈http://www.stat.go.jp/data/nenkan/02.htm〉
社会実情図録（2015）．〈http://www2.ttcn.ne.jp/honkawa/3927.html〉

第1章　人のこころが変わった？

1．ケイタイとパーソナル・スペースと人とのつながり［今川民雄］
2．ブログでの自己表現というこころ［今川民雄］
3．「おひとりさま」という在り方とこころ［渡辺　舞］
4．様々な装いとこころ模様［山口　司］
5．「断捨離」と「もったいない」にも共通のこころ［今川民雄］
6．プライバシーが侵害される？［今川民雄］
7．社会的迷惑行為が増えている？［今川民雄］
8．フリーターをどう見るか［渡辺　舞］
9．授業中に私語をするこころ［今川民雄］
10．自己中が走る［今川民雄］

1. ケイタイとパーソナル・スペースと人とのつながり

1-1. 私の「ケイタイ」経験

　もう15年以上前のことになるでしょうか。とある居酒屋で友人と酒を飲みながら話しをしていた時のことでした。突然リーンという音が鳴り響き、空席を一つはさんで隣に座っていた男性が、やおら「携帯電話」（今のようにコンパクトではなかった）を取り出し、その場で話し始めました。その時私は、その男性の振る舞いに軽い苛立ちと違和感を感じました。何故だったのでしょうか？　当時、まだ携帯電話は今ほど普及していませんでしたので、そもそも携帯電話を使うということに対しての違和感があったかもしれません。しかしそれだけではないように思いました。

　電話は、二人だけで話をするものというイメージがあります。そして電話で話している間、今どこにいるかに関係なく、二人だけのいわば「私的な空間」がつくり出されます。居酒屋のような、なかば開かれた空間の中に、それとは異質な二人だけの（実際見えるのは一人なのですが）閉じられた空間が突然隣に出現したといった印象が、違和感を生み出したように思います。

1-2. パーソナル・スペースということ

　「異質な空間」といった感じ方は、「パーソナル・スペース」と関わりがあります。私たちは日常、自分の体の周りに、縄張りのように自分の空間を所有しているのです。これを、パーソナル・スペースと呼んでいます（Hall, 1966）。他の人に必要以上に近づかれると、不快な緊張を生じ、相手との距離をとりたくなりますが、その時、自分のパーソナル・スペースへの侵入を経験していることになります。このパーソナル・スペースの広がりは、相手との親しさによって変わりますし、また文化によっても異なることが知られています。普段よく接している相手であっても、どのくらいの距離で接すると比較的緊張しな

いでいられるかで，相手との親しさの程度がわかります。パーソナル・スペースと同様の空間は，複数の人間が集まっている場でも，その人々にグループ意識があれば，その集団の周りに存在するようです。居酒屋で語らっていた私と友人の周囲には，緩やかな（境界がさほど強固ではなく，侵入に対しても比較的許容的な，いわば，パーソナルな空間とパブリックな空間の中間的な）パーソナル（グループ？）・スペースが存在していたと思われます。そうした中で，居酒屋には普通存在しないような確固とした境界を持つパーソナル・スペースが，隣に突然「ドン！」とばかりに出現し，こちらの緩められたパーソナル（グループ？）・スペースが侵害されたように感じたのだと思います。

1−3．ケイタイの侵入と空間の変質

互いのパーソナル・スペースを侵害しないようにある程度気を遣うことは，ちょっとした気遣いではありますが，対人関係を維持していくうえで必要なことと思われます。にもかかわらず，携帯電話（以後「ケイタイ」とします）が使われだした当初は，私のような経験をされた方は少なくなかったと思われます。井上（1977）が『「世間体」の構造』（NHKブックス）という本の中で，日本人の人間関係には「ミウチ」「セケン」「タニン」の3つの領域があると言っています。これと対応したスペースとして「私的空間」「世間空間」「公的空間」を考えることができるでしょう。ケイタイの登場は，「私的空間」が「世間空間」や「公的空間」へ容易に侵入するようになった現象と考えることができるでしょう。ケイタイで話している人にとっては，自分がどのような「場」にいるのかにはほとんど関係なく，話し相手と二人だけの「私的空間」のみが存在することになります。結果として，今現実にその人が居る「場」からすると，異質な空間が侵入したことにならざるを得ません。

1−4．「公的空間」と「私的空間」の境目の混乱と「世間空間」の消滅？

ケイタイによる「私的空間」が頻繁に「世間空間」や「公的空間」に侵入するようになると，どのような場でも瞬時に「私的空間」が生じることが頻繁に起きることになります。パーソナル・スペースやグループ・スペースを侵害しないようにするといったこころ遣いは，いとも簡単に打ち破られていきます。

日本文化では,「世間空間」という私的な空間と公的な空間の間の空間があって,対人関係のクッションのような役割をしてきたのだと思います。しかし,ケイタイが普及していく背景には,こうした中間的な空間の消滅という事情がともなっていたのではないでしょうか。

そういえば,およそ20年前私はオーストラリアのメルボルンに10ヵ月ほど住んでいたことがありました。その際,電車の駅で,ホームにペタッと座り込んでいたり,街中を裸足で歩いている若者をよく見かけました。いわゆる「歩行者天国」となっている道路へのスケボーの乗り入れも禁止されていないし,電車の中にローラーブレードで,あるいは自転車で乗り込んできても構いません。こうした出来事は文化の違いなんだろうと思っていました。

しかし,ジベタリアンとか,電車やバスの中での化粧とか,これまでは「私的空間」でのみ行われてきた振る舞いが,「公的空間」でも行われるようになったように思える昨今です。東京の比較的混みあっている電車の中で抱き合う若者に出会ったのもその頃でした。私が非常勤で訪れた大学の廊下に置かれた椅子で女子学生の膝枕で寝ていた学生に出会ったのもその頃でした。

そういえば私が,「公」と「私」の区別がなくなり始めたと感じだしたのは今から30年近く前のころからでしょうか。当時,授業中の学生のおしゃべりも次第に増え始めたように感じた記憶があります。

日本人の対人関係の構造が,「うち」と「そと」と,その中間の「世間」とに分かれているという井上(1977)の説を紹介しましたが,そのうちの「世間」がなくなり始めていると私は考えていました。ケイタイが頻繁に「世間」や「公的」空間に侵入しだすことによって,私的な空間と公的な空間の間にあった「世間」としての空間が潰されていったと感じるのは私だけでしょうか。その結果,人と人との関係が「公」か「私」かに二極分解してしまい,2つの空間がもろにぶつかり合うようになった感じがします。先に挙げたいわゆる「ジベタリアン」の出現とか,電車やバスの中での化粧といった行動に,そうした表れを感じるのでした。

こう書いてきた私も,10年くらい前からはケイタイを持っています。電車の中で電話としてケイタイを使うことは,ルール違反とみなされる場合が多いと思いますが,電車で向かい側の座席に座っている人を見ると,軒並にケイタイ

1. ケイタイとパーソナル・スペースと人とのつながり 13

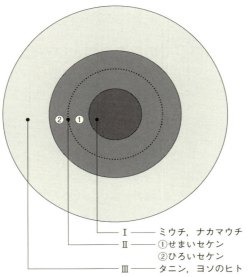

Ⅰ──── ミウチ, ナカマウチ
Ⅱ──── ①せまいセケン
　　　　②ひろいセケン
Ⅲ──── タニン, ヨソのヒト

図1-1. 準拠集団としての「世間」（井上（2007）より）

を「操作して」いるという風景は，もうお馴染みではないでしょうか。老いも若きも，男性も女性も，様々にケイタイにいそしんでいるようです。

◆◆引用文献◆◆

Hall, E. T. (1966). *The hidden dimension* (3rd ed.). New York: Doubleday.（日高敏隆・佐藤信行（訳）(1970). かくれた次元 みすず書房）
井上忠司（1977）.「世間体」の構造：社会心理学史への試み（NHKブックス280）日本放送出版協会（講談社学術文庫版（2007））

2．ブログでの自己表現というこころ

2-1．はじめに

　筆者がインターネットとどのように関わっているかをふりかえると，とても「ネット・ユーザー」とは言えないように感じています。自分のホームページを立ち上げてもいませんし，**ブログ**を書いたこともありません。筆者のインターネット体験で，記憶に残っているトピックスといえば，たまたまオーストラリアのメルボルンに滞在していた1995年1月17日に阪神淡路大震災が発生し，そのニュースに驚愕して，インターネット経由の情報にしがみついていたことです。ただし，インターネットとはいえ，特定の商業ネットのページに掲載される情報へのアクセスに限定されていました。それでもアクセスするたびに，刻々と掲載される情報が増え，それにともなって死者数の増加を目の当たりにするという経験は，強い驚きと焦燥と不安に駆られたものでした。と同時に，大きなタイムラグもなく情報に接することができたことは，情報面でも心理面でも役に立った記憶があります。

2-2．ブログとは？

　話をブログに移しましょう。ブログとは「狭義には World Wide Web 上のウェブページの URL とともに覚え書きや論評などを加えログ（記録）している**ウェブサイト**の一種（ウィキペディア，2015/03/10）」と定義されています。他方「広義には作者の個人的な体験や日記，特定のトピックに関する必ずしもウェブに限定されない話題などのような，時系列で比較的頻繁に記録される情報についてのウェブサイト全般を含めてブログと呼称する（ウィキペディア，2015/03/10）」とも説明されています。また，山下ら（2005）が著わした『ウェブログの心理学』では，ブログ（ウェブログ）を簡潔に「ホームページに通常日付を伴って時系列的に蓄積される日記的コンテンツ」（山下ら，2005）

と定義しています。ここで「日記」と言い切らずに「日記的」と形容しているのは，これまで考えられてきた日記とは異なる側面があるという含みだと思われます。山下ら（2005）は歴史的に日記と日誌の存在を取り上げて，現在の日記のルーツが複数あると指摘しています。そのうえで多様な日記を整理する軸として2つを挙げています。1つは**日記の内容**で，「事実」と「心情」とに分けています。もう1つの軸は**書き手の指向性**で，書き手の意識が「自己」に向いているか「読者あるいは読者との関係」に向いているかを示す軸です。日記の性質を理解するうえで，この分類はわかりやすいと思われますが，同時にブログの性質を理解するうえでも役に立つと思われます。ブログを書く人がどのような書き方に重きを置いているのかについて調べた結果（山下ら，2005）によると，**備忘録型**（事実・自己指向）92人，**日誌型**（事実・他者指向）91人，**公開日記型**（心情・他者指向）」87人，「狭義の日記型（心情・自己指向）」54人，特に理由なし50人と分かれたとのことです。そして，この結果から，ブログの書き手でも自己指向型がかなりいる（39％）ことについて「意外」だとも述べています。

2-3．人は何故ブログを書くのでしょうか？

では，ブログを書く人々は，どのような動機から書き始めるのでしょうか。川浦ら（1999）によると，多肢選択で動機を尋ねた時に回答が多かった項目は

①自分のことを表明するのによい方法だと思った（190/377：50.4％）
②他の人が書いているのを見て自分も書こうと思った（150/377：39.8％）
③情報更新が手軽にできるから（132/377：35.0％）

の3つでした。

実際の調査は1997年のことですから，現在では事情が変化している可能性があります。調査サンプルが違いますが，谷田（2008）が2007年に，ブログに関する調査を行っています。その中で，川浦ら（1999）と同じ質問項目がありますので比較が可能です。谷田（2008）は，質問紙を大学生対象に配布し，ブログを書いている人だけについて分析した結果です。

①他の人が書いているのを見て自分も書こうと思った（111/237：46.8％）
②他の人にすすめられたから（59/237：24.9％）

16　第1章　人のこころが変わった？

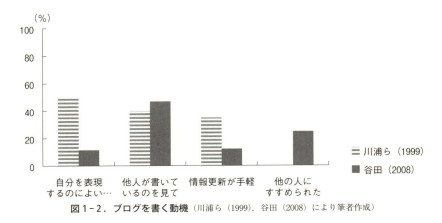

図1-2．ブログを書く動機 (川浦ら (1999),谷田 (2008) により筆者作成)

　③情報更新が手軽にできるから（29/237：12.2％）
　④自分のことを表現するのによい方法だと思ったから（27/237：11.4％）
という結果でした（図1-2参照）。
　2つの結果を比較して大きく異なっているのは，川浦ら（1999）では一番多かった「自分のことを表明（谷田では『表現』としている）するのによい方法だと思った」がかなり少ないこと，そして「他の人が書いているのを見て自分も書こうと思った」が多いことだと思われます。調査の時期が10年違うということと，調査サンプルの性質の違いを考慮する必要があるでしょう。川浦ら（1999）の調査では，1997年当時すでにブログ（山下らでは「ウェブ日記」という用語を用いています）を書いている人に，ネットを通じて回答を依頼しています。ブログがこの10年の間にごく普通の表現になっていることが谷田（2008）の結果からうかがえます。残念ながら谷田（2008）には調査対象者の学生の中でブログを書いている学生の割合は書いてありません。そこでこれは想像ですが，現在の大学生で「日記」を書いている人と「ブログ」を書いている人の割合は，後者が多いのではないでしょうか。

2-4．自己表現の意味

　ブログを書く理由が，「自己表現をするのによい方法」であることから「皆もやっているからやってみた」ということに変化した背景を考えてみると，イ

ンターネットやスマホの普及があると思われます。他方，自己を表現したいし，そうした表現について多くの人に知ってほしいという思いが，ブログという手段を得て急激に広がったという状況は，あたかも「自己表現爆発」とでも言いたくなります。そしてもう1つ，ブログに対してリンクを貼ることができる（トラックバック）機能を指摘しておくことが必要と思われます。インターネットを通じて読んだブログに，いつでもアクセスできるようにしておくことが可能だということです。つまり「自己表現」としてのブログには，その表現を受け取ってくれる他者の存在があります。ブログは，「自己表現」の手段としての機能だけでなく，そのことによって他の人とつながることができることになり，そのつながった人にとっての「他者表現の見聞」という側面も同時に広がったということもできるでしょう。

　筆者は，インターネットによって世界に開かれることにともなって，同人誌的な状況と比較して，この2つの効用の背景にある自己表現動機が充足される可能性が飛躍的に増大したのではないかと思います。そして他の人のブログを見ることによって，自分のしている行為（ブログを書く）についてのもっともらしさの確認ができることも大きいのではないかと思っています。

◆◆引用文献◆◆
川浦康至・山下清美・川上善郎（1999）．人はなぜウェブ日記を書き続けるのか―コンピュータ・ネットワークにおける自己表現　社会心理学研究, 14, 133-143.
谷田瑞歩（2008）．大学生のウェブログにおける自己表現　北星学園大学社会福祉学部福祉心理学科学士論文（未公刊）
山下清美・川浦康至・川上善郎・三浦麻子（2005）．ウェブログの心理学　NTT出版．

3.「おひとりさま」という在り方とこころ

3-1. はじめに

「おひとりさまですか？」と飲食店で話しかけられるセリフは筆者にとってとても緊張感をともなう言葉です。仕事や研究活動で遠出し，一人で食事をしなければいけない機会もあり，必要に迫られて「おひとりさま」で行動することができるようになりましたが，今でもニガテです。誰も自分に注目していないことは重々承知のうえですが，それでもそわそわした過剰な自意識のために，まったく「おひとりさま」を楽しめないのです。今でも見知らぬ土地でホテルに宿泊し，「さて晩御飯はどうしようか？」という時にも，コンビニの弁当やルームサービスで済ましてしまうこともあります。一方書店には，「おひとりさま」のためのホテルや飲食店のガイドブックがならんでいます。また，大学構内の食堂を観察していると，窓に向いた座席には，「おひとりさま」で食事をとる学生が多いことに気が付きます。今や「おひとりさま」で行動し，「おひとりさま」を楽しむことが現代社会の中で定着しつつあるようです。

3-2. おひとりさまとは？

もともと「おひとりさま」とは，岩下（2001）によって，次のように説明されています。①個の確立ができている大人の女性，②自他共生していくための1つの知恵，③仕事も恋もサクセスするために身につけるべき生き方の哲学，④ individual，⑤通常は，一人客に対する呼称という5つの意味が込められています。岩下（2001）は，著書の中で「おひとりさま」は利己主義やひきこもり，孤立ということではなく，それぞれの個性を持った「個」が独立して成り立っており，お互いが否定することなく共生していることだと説明し，価値基準や世間や他人を揩かずに，自分のものさしで人生をデザインしていくこと，これぞ「おひとりさま」の生き方の哲学であると説明しています。

3-3．青年期にとって「おひとりさま」の意識

　現代の大学生にとって，「ひとりの時間」はどのようにとらえられているのでしょうか？　専門学校での学生との会話の中で「私はクリボッチだよ（クリスマスを一人で過ごすという意味だと思われます）」や「クラス替えになって，便所飯（一人でトイレで弁当を食べること）になったらいやだぁ」という「一人の時間」に対するネガティブなイメージの言葉を聞きます。また，「一人の時間は大切」「友達はわずらわしいから，一人になりたい」という「一人の時間」に対するポジティブな言葉も聞きます。海野・三浦（2006）は大学生が一人で過ごす状況を「**能動的なひとり（自分の意志であえて一人で過ごすことを選択すること）**」と「**受動的なひとり（一人で過ごしたくないのに，一人で過ごすこと）**」に分け，それぞれの状況の経験頻度・その状況を自由記述で収集し，検討しています。その結果，「能動的なひとり」の状況の経験について80％以上の学生が自分の意志によって一人で過ごすことがあると回答しています。一方で「受動的なひとり」の状況については，50％以上の調査協力者が「まったく経験がない」または「あまり経験がない」と回答しています。また「受動的なひとり」の状況の気分については，80％以上ネガティブな気分（さみしい・孤独）を報告しているのに対し，「能動的なひとり」の状況の気分については，ポジティブな気分（落ち着く・リラックス・安心）が56％を占めていますが，ネガティブな気分，ニュートラルな気分，アンビバレントな気分（少しさみしいけれどリラックス）の報告もあり，「能動的なひとり」は複雑な気分を含む状況であることが示されました。この結果について海野ら（2006）は能動的に一人で過ごすことがそれ自体，自立と依存，自由と孤独というように青年期に特有の葛藤を含んでいるため，複雑な気分が報告されたのではないかと考察しています。

3-4．ひとりでいる状態とひとりでいられる能力

　松尾・小川（2001）は，青年期の「ひとりでいられる能力」をとらえる試みを調査しています。松尾らは，青年において「ひとりでいる状態」とは，個人が他者らの評価，他者の自分に対する期待，他者の意向といった，物理的ないしは心理的な他者の存在を意識していない状態，すなわち他者への「とらわ

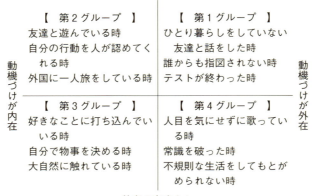

図1-3．青年が自由だと感じる記述の分類
（松尾・小川（2001）の結果に基づき筆者が作成）

れ」から解放された状態と定義しています。この定義から自分が自由だと感じることについて，自由記述を収集し，その内容を分類しています（図1-3）。その結果，個人のそばに他者が存在しているか否かの軸と自分の行動の動機づけが自分に内在するものか，外在するものなのかの軸を見出し，4つのグループに分類しています。この中で先に述べた「ひとりでいる状態」の定義にあてはまるのは，他者の存在があり，動機づけが内在している第2グループと他者の存在がなく，動機づけが内在している第3グループの内容であり，これらは，物理的な他者の存在の有無にかかわらず，自分の言いたいことが言え，自分らしく振る舞える内容が分類されています。松尾ら（2001）は，この状態は青年が他者にとらわれることなく単独で存在している状態であり，他者の存在を意識していたとしても，その他者が自分を認め，受け止めてくれたことが，内的に一人であるという自由を感じている時だと考察しています。

3-5．おひとりさまの時代へ

現代日本では，未婚化・晩婚化の傾向が高まり，人口統計資料集（国立社会保障・人口問題研究所，2013）によると，2010年の生涯未婚率は男性が20.14％，女性は10.61％でした。また，平成22年の総務省による国勢調査では

30〜34歳の未婚率は男性では，47.3％，女性でも34.5％でした。また，平均寿命は男女ともに80歳を超えています。上野（2012）による，「みんな最後はおひとりさま」という言葉は，現代日本社会が直面している現実を突き付けられた感じもします。しかしながらこれだけ日本人の寿命が延び，ライフスタイルや価値観が大きく変化したなかで，最後は皆おひとりさまになることが自然な現実なのだと思えてきます。「おひとりさま」は1つの生き方であり，「一人でいられる能力」が多くの人々にとって必要なスキルなのかもしれません。

◆◆引用文献◆◆
岩下久美子（2001）．おひとりさま　中央公論新社．
国立社会保障・人口問題研究所（2013）．人口統計資料集．
松尾和美・小川俊樹（2001）．青年期における「ひとりでいられる能力」について（2）─KJ法による自由記述の分析を通して─　筑波大学心理学研究, 23, 201-207.
上野千鶴子（2012）．みんな「おひとりさま」　青灯社．
海野裕子・三浦香苗（2006）．ひとりで過ごすことに関する大学生の意識─「能動的なひとり」と「受動的なひとり」の比較─　昭和女子大学生活心理研究所紀要, 9, 53-62.

4. 様々な装いとこころ模様

4-1. Look Good…Feel Better (http://lookgoodfeelbetter.org/)

「きれいになって，気分良く」。人が良い気分になる時は，どんな時でしょうか？ テストで良い点をとったり，目標を達成したりすることは人を良い気分にさせます。また，他者からの高い評価は人を良い気分にさせます。しかし，他者から高い評価を受けることは容易ではありません。手っ取り早く，他者から評価を受けるためには，目立とうとすることが考えられます。そしてその手段として，外見を装うことがあるでしょう。外見といっても持って生まれた顔かたちは容易に変えることはできません。そこで，人は服装や化粧を用いて外見を変え，他者からの評価を得ようとします。例えば，相手に憶えて欲しい場合，目立つ格好をすることで，相手の記憶に残るかもしれません。また，「ここぞ！」という時は，お気に入りの格好で，丹念に化粧をするでしょう。特に，服装や化粧といった装いは可視性が高いので，様々なメッセージを他者に伝えることになります。

4-2. 装いの機能

一般的な装いとして，服装と化粧があります。そして，服装の機能には，生理的な機能と心理的な機能があります。生理的な機能は，生命維持や身体活動を目的としていて，心理的機能は，自己顕示や社会的適応を目的としています。フリューゲル（Flugel, 1930）は服装の機能として，身体を美化する「装飾」，身体美を隠し他者の注意をひかないように自制する「慎み」，皮膚を守り，体温を調節するなどのような健康の維持を目的とする「身体保護」の3つを挙げています。

また，高木（1999）は，被服によって自分自身のイメージを確認し，強め，あるいは変えるという「自己の確認・強化・変革」の機能と，他者に自分のこ

とや自分の感情や状況を伝えるという「情報伝達」の機能，そして他者との行為のやりとりを促進させたり，抑制させたりする「社会的相互作用の促進・抑制」の機能の3つの社会・心理的機能があるとしています。

他方，化粧の機能に関しては，松井・山本・岩男（1983）によると，自己愛撫の快感，変身願望の充足，創造の楽しみ，ストレス解消，快い緊張感，外見的欠陥の補償，外見的評価の上昇，自己顕示欲求の充足，周囲への同調・期待への対応，社会的役割への適合，伝統的性役割に基づくアイデンティティの自覚，積極的な自己表現・対人行動，自信や自己充足感などが挙げられます。また，外見の強化だけではなく，他者の目を意識するといった意味で，化粧は社会的スキルを反映するコミュニケーション・ツールとも言えます（大坊，2001）。

自分を他者に見せたいようにセルフ・プロデュースすることを自己呈示と言います。自己呈示とは，「他者から見られる自分の印象に影響を与えようとする行動」（安藤，1994）のことです。自己呈示の機能として，報酬の獲得と損失の回避，自尊心の高揚と維持，アイデンティティの確立が挙げられます。報酬の獲得と損失の回避というのは，自己呈示をすることで，自分の好感度を高めることによって，報酬を得て，損失を回避することを目指します。例えば，好きな人に良く思われたい時，その人の好みの服装をすることで，好感を持ってもらえるかもしれません。自尊心の高揚と維持というのは，自己呈示をすることで，他者から高い評価を得ることで，自尊心を高めたり低めないで済んだりすることです。例えば，センスの良いファッションは，他者から高く評価され，誉めてもらったりすることで，自信につながるかもしれません。最後に，アイデンティティの確立というのは，自己呈示することで，自分自身はこういう人間であるということを再確認したりすることです。例えば，自分では，しっかりとしていると思っていても，周りからそう思われていない場合，しっかりしているという自己呈示をすることで，「やはり，自分はしっかりしているんだ！」と自分を確認できることになります。

こうした自己呈示に一役買うのが，服装です。服装は，その使い道によって様々なものがありますが，服装自身にある程度，イメージが固定されてもいます。例えば，あるブランドのコンセプトは，ある購入層を想定していて，その

ブランドを着る人は，ファッション志向が強いといったことが暗黙のうちに表現されます。また，スポーツ用のウェアを着用する人は，スポーティーで，活動的なイメージを与えるかもしれません。いずれにしても外見を装うということが，他者にも自分にも重要になっていると言えましょう。

4-3．人は写し鏡

人は他者が見るようには，自分の目で自分の姿を見ることはできません。そこで自分の姿を確認するためには，鏡を必要とします。また，鏡でなくとも，他者という存在は自分の思考や行為を映し出す存在であるかもしれません。

クーリー（Cooley, 1902）は，鏡映的自己という概念を提唱しています。鏡

図1-4．ホームに設置された姿鏡（札幌市地下鉄）

映的自己というのは,「個人が社会的な相互作用の中で自己を確立してゆく場合,他者を鏡とし,そこに映る自分を受容する過程で形成される自己(社会心理学用語辞典,1995)」のことです。

鏡について興味深い話があります。筆者の住んでいる札幌市の地下鉄の駅には,ホームに大きな姿鏡があります。その鏡は自殺防止のためにあると聞きました。つまり,ホームに入った時に,鏡に映った自分の姿を見て,自己を意識し,自殺を思い止まることを狙っているらしいのです(図1-4)。確かに,街中を歩いても,ガラスや鏡で自分の姿が映っていると無意識に見てしまうことがあります。人は,見られることに敏感で,そうした習性は,小学生高学年からみられるようです(ベネッセ教育研究所,2002)。

4-4.装いの役割

装いには,様々な生理的,心理的機能がありますが,昨今はそれを利用した別のアプローチもあります。化粧の臨床場面への導入です。化粧をすることは,高齢者や認知症患者,統合失調症患者への治療の一環として行うこともあるのです。大坊(2002)は,「化粧する・されることによって自分への関心を強め,行動の積極性を生み,また,化粧によって自分に向けられる集中的な注目,さらに化粧した姿に向けられる家族やその他の人々からの注目と言語的フィードバックが内発的な社会性を促していくと考えられるので自己が覚醒し,この化粧による社会性促進,自己洞察の効用は大きい」と化粧をすることの意義を述べています。これは,化粧だけではなく,服装にも言えるのではないでしょうか。

また,近年,Coffert Project 代表の向田麻衣さんのように,化粧によってネパールなどの女性を支援する活動を行っている方もいます。衣食住という言葉があるように,生活の基礎として装うという行為は,まさに,人をつくる行為なのでしょう。

◆◆引用文献◆◆

安藤清志(1994).見せる自分・見せない自分―自己呈示の社会心理学 サイエンス社.
ベネッセ教育研究所(2002).「子どもの痩せ願望 モノグラム・小学生ナウ」 pp.21-

2.

Cooley, C. H. (1902). *Human nature and the social order*. New York: Charles Scribner's Sons.

大坊郁夫 (2001). 化粧の心理的・社会的意義　香粧会誌, 25(4), 256-262.

大坊郁夫 (2002). 対人関係のスキルとしての装い　繊維機械学誌, 55(4), 22-26.

Flugel, J. C. (1930). *The psychology of clothes*. London: Institute of Psycho-Analysis and Hogarth Press.

松井　豊・山本真理子・岩男寿美子 (1983). 化粧の心理的効用　マーケティング・リサーチ, 21, 30-41.

高木　修 (1999). 被服行動の社会心理学――装う人間のこころと行動　北大路書房.

小川一夫 (監修) (1995). 改訂新版社会心理学用語辞典　pp.57-58.

5．「断捨離」と「もったいない」にも共通のこころ

5-1．断捨離ということ

「モノが溜まっている」ということを実感するのは，引っ越しの時ではないでしょうか。筆者は大学生になった時実家から離れた土地に移ったのを初めとして，今までに14回引っ越しを経験しています。その中で「溜め込んだ」モノの多さに困惑したのは，14回目の引っ越しでした。箪笥などの家具を含めて，多くのモノを「捨てた」のですが，どれを捨ててどれを残すかということに悩んだ記憶もあります。「**断捨離**」を最初に提案した，やました（2010）は，断捨離の考え方の基本を2つ挙げています。1つ目は「自分を軸にしてモノを取捨選択すること」，つまりは私がそのモノを好きで使いたいと思っているかどうかということです。2つ目は「時間軸を"今"に設定すること」，つまり過去の思い出や将来必要になるかもしれない，という視点ではなく，今必要か，という視点を大事にするということを述べています。

そういえば，筆者が女房と買い物をする時，女房が買おうか買うまいか迷っていると感じることがあります。そんな時には「それ帰ったらどうやって使う？」というような問いかけをすることがありました。やました（2010）のいう「断捨離」の2つ目の軸の考え方を実践していることになるのかなと思ったことでした。

5-2．「もったいない」と断捨離

ところで「もったいない」という言葉もよく聞くようになりました。環境問題への取り組みでノーベル平和賞を受賞したマータイ（Maathai, 2004／邦訳, 2005）が「もったいない（Mottainai）」という言葉を取り上げたことがきっかけでした。この「もったいない」と「断捨離」とは，その言葉の意味しているところからは，反対のことのように受け取れます。「もったいない」には，「モ

ノを捨てないで有効に使おう」という意図が表現されていますし,「断捨離」では,「まずやらなければいけないのは不用品を捨てることです（やました,2010）」と考えられています。にもかかわらず,この2つの言葉が「今」の時代に関心を持たれることの中に,私たちの生活の状況が反映されているように思われるのです。モノがあふれている社会であるからこそ,いらなくなったら捨ててしまうのが「もったいない」と思われるでしょうし,捨てられないで溜まる一方のモノに囲まれる自分について,なんとか「断捨離」してすっきりできないかとも思うのでしょう。

この節では,こうした「モノと私の関係」について考えてみたいと思います。

5-3. モノを溜め込むことの心理学

人と人とが様々な関係を作り上げるのと同様に,人はモノとの間にも様々な関係を作り上げてきました。モノを作りだす場合の人とモノとの関わり方もあれば,モノを消費する時の人とモノとの関わり方もあります。さらに複雑になれば,モノを作るために別なモノを利用するといった間接的な関わり方もありますし,同様のことは消費する場合にも言えるでしょう。そして,モノが関わりを必要とする時だけしか存在しないものであれば,ものを「溜め込む」ことが生じることはなさそうです。しかし実際にモノが必要になるときは一時的な場合が圧倒的に多いため,その「一時」を念頭に置いてモノを捨てないでいることが多いのではないでしょうか。

そこでモノを「溜め込む」ことについての心理学の研究を取り上げてみましょう。池内（2014）は,現在が"ポスト大量消費社会"であり,「収集したものを有効活用できない,といった……モノがもたらす新たな弊害」が注目を集めていることに着目して,一般の大学生がどの程度モノを溜め込む傾向があるのかについて検討しています。それによると,先行研究からの項目に基づいて作られ,統計的な分析を経た「**ホーディング傾向**尺度（26項目）」が得られ,因子分析という項目分類のための統計的分析により,6つのカテゴリーに分かれることがわかりました。その6つのカテゴリーの名前を,筆者がわかりやすい名称に変更したもの（括弧内が池内による名称）を紹介すると,①「モノが多すぎるため苦労（物質多量）」,②「もったいなくて捨てられない（処分回

5.「断捨離」と「もったいない」にも共通のこころ

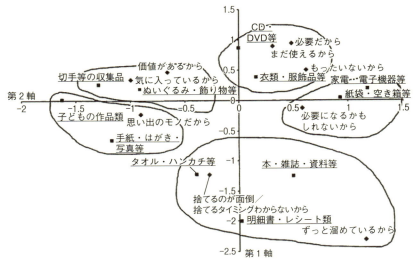

図1-5. 溜め込んでいるモノの種類と溜め込みの理由

避)」、③「自分を捨てるようで捨てられない(拡張自己)」、④「モノへの責任感(対物責任)」、⑤「自分のモノを管理したい(対物管理)」、⑥「記憶の助けとしてのモノ(記憶補助)」、の6つです。

また「捨てられずに溜め込んでいる」モノの有無の質問に対して、「ある」と答えた人(78.6%)が、「ない」と答えた人(21.4%)を大きく上回りました。次に溜め込んでいるモノについて自由に1つ書いてもらったところ、「衣服・装飾品(42.6%)」が最も多く、次いで「空き袋・空き箱など(12.0%)」、「本・雑誌・資料など」(11.4%)であり、1割を超えたのはこの3つだけでした。さらにまた溜め込みの理由を1つ記述してもらう質問に対しては「必要になるかもしれないから(26.6%)」「もったいないから(19.1%)」「思い出のモノだから(18.0%)」の3つのみが1割を超えていました。この理由は、先ほどのホーディング尺度の6つのカテゴリーと比べてみると、モノが多いことの苦労を別にすれば、ほぼ対応していると言えます。

この溜め込んでいるモノとその理由の対応関係を数量化Ⅲ類という統計的方法で分析した結果が図1-5に示してあります。この図から、溜め込んでいるモノの種類は理由に応じて異なることがわかります。

5-4. おわりに

　溜め込みについて考えてみましょう。モノを溜め込むという傾向は，役に立つ傾向として，進化的に私たちの中に確立してきたのではないでしょうか。何万年か前の状況では，生きていくために必要なモノが，いつも自分の周りにあるとは限らず，探し求めて初めて手に入るという世界だったのではないかと思われます。そうした状況下では，可能な限り溜め込むことは，生き残っていくには必要な行為だったのではないでしょうか。その時代には，現代社会のように冷蔵庫があるわけではありませんから，溜め込むことが可能かどうか，あるいは溜め込むことができるようにしていく方法はどうかなどは，大変重要な知識だったと思われます。栽培することなどを通じて食べ物を作り出すことが可能になって以降は，溜め込み可能な食べ物を作り出す技術の発展もあり，また生活上の様々な道具を作り出す時間的余裕が生まれたこともあり，次第にモノが増えていくことになったと考えられます。可能であればモノを溜め込もうとする性質は，人の長い長い，それこそ百万年単位の経過の中で，人に「染み着いた」傾向なのかもしれません。ところが，環境が変わってモノがあふれる社会になった時には，この溜め込もうとする傾向は，かえって弊害を引き起こすことにもなってしまったのではないでしょうか。「もったいない」と「断捨離」をうまく調和させていくことが必要な社会になったと考えられます。

◆◆引用文献◆◆

池内裕美（2014）．人はなぜモノを溜め込むのか：ホーディング傾向尺度の作成とアニミズムとの関連性の検討　社会心理学研究, 30, 86-98.

Maathai, W. (2004). *The green belt movement sharing the approach and the experience*. New York: Lantern Books.（福岡伸一（訳）(2005). モッタイナイで地球は緑になる　木楽舎）.

やましたひでこ（2010）．生き方を変える片づけ術 "断捨離" で，モノへの執着心にサヨナラを　婦人公論, 95(10), 20-23.

6．プライバシーが侵害される？

6-1．個人情報が漏えいしている

　たまたま被害を受けていないだけじゃないか，と思ったことはありませんか？　そう疑ってもおかしくないくらい，個人情報漏洩事件が頻繁に報道されています。2014年の「ベネッセ個人情報流出事件」を憶えておられるでしょうか。2,070万件の個人情報が流出したとされる事件です。こうした事件は，平成17（2005）年4月1日に全面施行された個人情報保護法に密接に関連しています。最新の情報セキュリティに関するニュースを掲載しているというホームページ "Security NEXT（http://www.security-next.com）" を見ると，少なくとも個人情報保護法の施行以後，ほぼ毎日のように個人情報漏洩に関わる事件報道がなされています。マスコミの関心が個人情報漏洩に焦点を合わせ続けていることがうかがわれます。インターネットの普及を背景にしている現代情報社会では，これは当然のことなのかもしれません。

　プライバシーの問題がこれだけクローズアップされてきた背景に，コンピュータとインターネットの発展があることは間違いないでしょう。というのも，先ほど挙げた個人情報漏洩の多くはインターネットを通じての，あるいはパソコンからの情報取得による事件だからです。

6-2．プライバシーの心理学 I ―プライバシー志向性ということ

　心理学では，プライバシーについてどのように扱われてきたのでしょうか。もともとプライバシーは，法律や社会学の領域で取り上げられてきた概念です。そのためにプライバシーについて心理学で取り上げられるようになったのはそれほど昔のことではありません。**プライバシー志向性**尺度の研究を発表した吉田・溝上（1996）によると，アメリカで，法学者のウェスティン（Westin, 1967）によるプライバシー理論に基づいて，「プライバシー志向性」に関する

心理学的な研究が次第に盛んになったとのことです。ここでプライバシー志向性尺度とは、「個々人がプライバシーが保てる状態を維持するために、どのような状況を目指そうとするか」の程度を測ろうとする質問紙です。

　さて、吉田・溝上（1996）によれば、ウェスティン（1967）は、プライバシーを「自分自身に関するどの情報が、どのような条件の下で、他者に伝達されるべきかを自分で決定できるという個人の権利」と定義して、個人がプライバシーを体験する4つの基本的状況を指摘しています。その4つとは、①"独居（solitude）"（自分の部屋などにこもって他者からの観察から自由になること）、②"親密（intimacy）"（二人ないしは少人数の親密な人間関係の中でリラックスし率直でいられること）、③"匿名（anonymity）"（公共の場で、状況的風景の中に溶け込んでリラックスできること）、④"遠慮期待（reserve）"（突然他人に侵入されないように心理的障壁を作り出すこと、他者に深い関わりをとりあえず遠慮してもらいたいという態度）、です。吉田・溝上（1996）は、ウェスティン（1967）のプライバシーの考えに基づきながら作られたプライバシー志向性尺度を参考にして研究を重ねたうえで、新しい日本版プライバシー志向性尺度を作りました。その結果、私たちがプライバシーを意識して維持しようとするとき目指している内容は7つに分けられることが明らかとなりました。①独居（一人でいることで安らぐ）、②自由意志（他人の影響を受けず、自由にしたい）、③友人との親密性（友人との親密な関係は大事）、④遠慮期待（親密でない人には個人的なことは知らせたくない）、⑤家族との親密性（家族との親密な時間が大事）、⑥閑居（人の目に触れない空間を求める気持ち）、⑦隔離（人から離れて一人になりたい気持ち）の7つです。カテゴリーの後ろのカッコ内の説明は、筆者が付け加えたものです。

6-3．プライバシーの心理学 II ─ プライバシー意識について

　プライバシー志向性尺度の開発によって、プライバシーを維持するために、どのような状態を目指そうとするかについての個人の違いを測ることができるようになりました。しかし、このプライバシー志向性尺度は、個々人がどの程度プライバシーを意識するかについては、直接測定してはいません。そこで太幡・佐藤（2014）は**プライバシー意識尺度**を作りました。太幡・佐藤（2014）

6．プライバシーが侵害される？

表1-1．プライバシー意識と行動基準との偏相関係数（太幡・佐藤（2014）より，一部改編）

		プライバシー意識のカテゴリー		
		自己意識／維持行動	他者意識	他者維持行動
公的場面での行動基準	自分本位	0.07	−0.16*	−0.03
	他者配慮	0.11	0.20**	0.25**

$^*p<0.5$　$^{**}p<0.1$

　は，それまで彼らのプライバシー意識に関わる研究では，「自分はプライバシーを意識しやすいか否か」という質問項目でプライバシー意識の程度を判断していたとのことです。しかし，プライバシー意識の程度をより厳密にとらえるとともに，他者のプライバシーのとらえ方も含めた，プライバシー意識尺度を作りました。彼らは，自己，友人，見知らぬ人のプライバシーへの意識と維持行動に関する項目を10項目ずつ30項目作成し，大学生に実施したデータを分析した結果，15項目が3つのカテゴリーに分かれることを示しました。「自己のプライバシーの意識/維持行動」「他者のプライバシー意識」「他者のプライバシー維持行動」の3つのカテゴリーです。この結果からすると「自己のプライバシーの意識/維持行動」は1つのカテゴリーにまとまっていますので，自分のプライバシーを意識する人ほど自分のプライバシーを維持しようとすることがわかります。しかし，「自己のプライバシーの意識/維持行動」は，「他者のプライバシー意識」とは弱い関連しか持たず，「他者のプライバシーの維持行動」とはまったく関連がありません。

　つまり，自分のプライバシーを意識し，それを維持しようとする傾向が強い人が，他人のプライバシーを意識したり，あるいは他人のプライバシーを維持したりしようとするとは限らない，と考えておいた方がよいということになります。

　表1-1をご覧ください。プライバシー意識尺度の3つのカテゴリーの得点が，公共場面での行動基準（菅原・永房・佐々木・藤澤・薊，2006）の自分本位，他者配慮の傾向と，どのような関係にあるかの程度を示したものです。数値の偏相関係数は，0.0を挟んで+1.0から−1.0までの値を取ることができ，

プラスは正の関係を，マイナスは負の関係を意味しています。表の示す値から見ると，自己のプライバシーの意識とその維持行動の得点は，公共場面での行動基準とまったく関係がありません。他方，他者のプライバシーを意識する人ほど自分本位でなく，また他者に配慮する傾向がある人や，他者のプライバシーを維持しようとする人ほど他者に配慮する傾向が強いことが示されています。

6-4．プライバシーの今後の課題

インターネットの発展やSNSの発展，そして，その利用者の広がりを考えると，今後も個人情報の漏洩は社会問題となり続けるように思われます。私たち一人ひとりが，「自分自身に関する情報は自分自身が管理する」という意識を持つことが，まず大切だとは思われますが，太幡・佐藤（2014）の結果が示すように，「自分は自分，他人は他人」という考え方が，プライバシーを守るということに対して，どのような影響をもたらすのか。あるいはそうしたプライバシー意識自体が変わっていくのかは今後の課題でしょう。

◆◆引用文献◆◆

菅原健介・永房典之・佐々木 淳・藤澤 文・薊 理津子（2006）．青少年の迷惑行為と羞恥心―公共場面における5つの行動基準との関連性― 聖心女子大学論叢, 107, 57-77.

太幡直也・佐藤広英（2014）．プライバシー意識尺度の作成 パーソナリティ心理学研究, 23, 49-52.

Westin, A. F.（1967） *Privacy and freedom*. New York: Atheneum.

吉田圭吾・溝上慎一（1996）．プライバシー志向性尺度（本邦版）に関する検討 心理学研究, 67, 50-55.

7. 社会的迷惑行為が増えている？

7-1. 私の迷惑経験

びっくりしたことがありました。夏のある夜のことでした。筆者は所用があって街の中心まで地下鉄に乗っていきました。駅に着いたので降りようとすると，どっと大勢の人が乗車してきました。ホームにはあふれんばかりの人がいて，浴衣姿の女性も目立ちました。降りるに降りられず，乗ろうとする人と押し合いの末にやっと降りたものの，驚きと腹立たしさを覚えた後で，「ああ，今日は花火大会だったのか。それでこんなに人がたくさんいたんだな」と変に納得したものでした。

電車の乗降は，まず降りる人が先ということが筆者の頭に染み込んでいましたから，降りる人が降りる前にどっと乗り込んでくる「群衆」を，かき分けかき分け降車することに大きな違和感を覚えたのだと思います。つまり地下鉄を降りようとしていた筆者にとっては，降りる人を無視して乗車しようとしている人々の行動は，大変迷惑だったということになります。

7-2. 社会的迷惑の心理学

吉田ら（1999）によれば，**社会的迷惑**とは「行為者が自己の欲求充足を第一に考えることによって，結果として他者に不快な感情を生起させること，またはその行為」であり，そのうえで迷惑だと感じる側にとって，次の2つの条件を満たすものとしています。その2つの条件とは，第1に「自分以外の他者や社会全体に対してどのような影響を持つかという視点（「**社会的影響性の認知**」といいます）」を持っているかどうかです。そして第2には「自分以外の他者も自分と同じように考えているかどうかという視点（「**社会的合意性の認知**」といいます）」を持っているかどうかということです。

つまり「迷惑だ」と感じる人がいさえすれば，迷惑だと感じた他者の行為が

表 1-2. 社会的迷惑行為に関する項目 （原田・吉澤・吉田（2009）より）

1. 電車の中で友人と盛り上がり，大きな声で騒ぐ
2. 電車内で床に座る
3. ごみを分別せずに捨てる
4. コンビニの前にグループで座り込みながら話をする
5. 歩道いっぱいに広がって歩く
6. 電車の中で飲食をする
7. 駅構内で階段や通路に座る
8. 授業中，授業と関係のないことを話し続ける
9. 電車やバスの中で，混雑時につめて座らない
10. ごみや空き缶，ガムなどを道に捨てる
11. 電車内で降りる人を待たずに乗り込む
12. 電車内で足を広げて（前に伸ばして）座る
13. 駅付近で，指定された区域以外に自転車やバイクを置く

社会的迷惑行為になるというわけではなく，自分が迷惑だと感じている行為が，自分以外の人々にも影響を及ぼすと考えていて，自分のようにその行為を「迷惑」だと感じている人が他にも大勢いる，と思っていることが必要だということになります。最初に書いた花火大会の折の筆者の経験について当てはめると，「降りる人が降りる前に，乗り込もうとすると，押し合いになり，公共交通機関のスムーズな運用に支障をきたす」という認知と，「降りようとする人は，降りる前に乗車しようとされることで，皆困っているだろう」という認知があるので，われ先に乗り込もうとする人たちの行為は社会的迷惑だと言えそうです。表1-2をご覧ください。原田ら（2009）が社会的迷惑行為の迷惑認知と経験頻度を測るために用いた項目です。これらが社会的に迷惑だと認知されていることが明らかになっています。

7-3. 社会的迷惑行為は増えているか

ところで，近年社会的迷惑行為が増えているという実感を皆さんはお持ちでしょうか。もしそうした実感があるとすれば，その理由として次の3つが考えられます。①「迷惑」と感じる行為が，以前より頻繁に起きるようになってきた，②それまでは「迷惑」と感じられなかった行為が「迷惑」と感じられるようになってきた，③それまでは生じていなかったと思われる行為が新たに生じ

てきて，それが「迷惑」だと感じられる，の3つです。
　筆者は，たまたま地下鉄での乗降で経験した現象を社会的迷惑だと判断しましたが，この経験だけでは，社会的迷惑行為が増えてきているのかどうかわかりません。日本で社会的迷惑を研究テーマとして最初に取り上げた吉田ら（1999）は，その論文の冒頭で「無理な車線変更を繰り返す人，車道を並んで走る自転車，コンビニの駐車場が空いていても道路に駐車して買い物をする人」「降りる人がいるのに強引に乗り込もうとする人，車内でも携帯電話のスイッチを切らない人，駅構内の通路のまん中で話し込み，人の流れを混乱させる人など，枚挙にいとまがない」と述べています。この文章では，社会的迷惑行為が増えたと感じる理由として上に挙げた3つが混じりあっているように思えます。
　しかし，社会的迷惑行為が増加したかどうかを直接検討している研究は見当たらないようです。そこで中里・松井（1997）の研究を取り上げてみたいと思います。中里・松井（1997）は重篤な逸脱行為（「人のものを盗む」「ケンカをしてケガをさせる」「覚せい剤などの薬物を使う」など）と軽微な逸脱行為（「タバコを吸う」「酒を飲む」「エッチな雑誌やアダルトビデオを見る」など）について，どの程度悪いと思うか（許容度）について，中学生と高校生に尋ねています。1989年と1994年の5年間での違いを比較してみると，重篤な逸脱行為に対する許容度には差がなかったものの，軽微な逸脱行為の許容度が統計的に意味がある増加を示していました。この事実は，社会的迷惑行為が軽微な逸脱行為に含まれるとみなせば，社会的迷惑行為を許容する傾向が高まってきていることを示すことになります。

7-4．社会的迷惑行為はなくなるでしょうか

　迷惑する人がいないと「社会的迷惑」は成立しません。社会的迷惑行為が増えているとすれば，社会的迷惑を感じている人も増えていることになります。このことが，もし，自分が他の人に迷惑をかけていることはかまわず，人から迷惑をかけられたことを憤る人が増えていることを意味しているとすれば，人々の間で不満や対立が増えることになるのではないでしょうか。社会的迷惑行為が増加する原因について吉田ら（1999）は，「顔見知りが中心の社会」が

果たしていた「逸脱行為に対する（筆者加筆）」抑制機能が崩壊して，個人の価値判断が優先される社会になったにもかかわらず，新しい社会規範が成立していないためだと述べています。このことは，「迷惑」と感じたり感じなかったりすることが，単に世代間の違いということだけではなく，現在私たちが暮らしている社会のアンバランスという見方ができるのだと思います。それでも，新しい世代が担う役割は大きいのではないでしょうか。社会的環境やそれに関わる社会的な規範は，常に変化していくのだとは思いますが，新しい環境に適合するような新たな規範を共有できるようになるかどうかが，若い世代に問われているように筆者には思えるのです。

◆◆引用文献◆◆

原田知佳・吉澤寛之・吉田俊和（2009）．自己制御が社会的迷惑行為および逸脱行為に及ぼす影響―気質レベルと能力レベルからの検討― 実験社会心理学研究, 48, 122-136.

中里至正・松井 洋（編著）（1997）．異質な日本の若者たち―世界の中高生のおもいやり意識 ブレーン出版.

吉田俊和・安藤直樹・元吉忠寛・藤田達雄・廣岡秀一・斎藤和志・森久美子・石田靖彦・北折充隆（1999）．社会的迷惑に関する研究 名古屋大学教育学部紀要（心理学），46, 53-73.

8．フリーターをどう見るか

8-1．はじめに

　私が就職活動を経験した1990年代後半は，いわゆるバブル時代が崩壊した時期でした。その時の就職活動の思い出は今も鮮明です。その後の日本は，就職氷河期と名付けられるさらに厳しい時代に突入するのですが，女子学生であった私にとってはすでに厳しい現実をひしひしと感じていた時代でした。十数名の採用に対し，数百名（おそらく500名以上でした）の学生が，ホテルの宴会場に集められ，1次試験の筆記試験を受けるその光景は，「就職なんて無理なのではないか？」という焦りにつながり，大きな不安が襲ってきました。その1次試験の結果，不採用となった通知を目にした時，「大学を卒業したら就職が当たり前」だと思っていた社会人への道の前に，大きな壁があることに気が付いた瞬間でした。その厳しい経済状況の中で，**フリーター**という働き方を選択する人も多かった時代でした。フリーターという言葉の定義については後述しますが，厚生労働省によって1991年に発表され，その年の広辞苑にも記載されています。フリーターに対するイメージやとらえ方は，時代背景によって大きく変化するように思われます。

8-2．フリーターとは？

　厚生労働省によるフリーターの定義とは15歳から34歳までのパートやアルバイトの人や，それを希望する失業者で，通学していない人であり，女性の場合は未婚者に限っています。フリーター数は2003年に217万人に達して以降，5年連続減少していましたが，その後やや増加傾向にあり，2014年のデータでは179万人となっています（総務省統計局「労働力調査詳細集計（2015）」より引用）。フリーターとして働くことには，どのようなメリットとデメリットがあるのでしょうか？　安達（2007）の研究では以下のようにまとめています。メ

リットは，縛られない，気楽，自分の時間が持てることといった「自由・融通」をキーワードとするものと，いろいろなことにチャレンジできる，いろいろな人と出会えるなどの「社会経験」をキーワードにするものの2つに大別されます。またフリーターのデメリットとは，有給休暇がない，給料が安いなどの「悪条件」，世間体がよくない，社会人として認められないなどといった「低い社会的評価」，専門的な知識・技術が蓄積されない，職業能力を身につけることが難しいなどの「キャリア形成への支障」，将来が不安，歳をとってから苦労するなどといった「不安定」という4つの側面に集約されるとまとめています。

8-3．フリーターの生き方に対する肯定的な考え方

　先述の安達（2007）はフリーターに対する肯定的態度をとらえる調査を行っています。この論文の調査が行われた時代は，ちょうどフリーターの数がピークに達し，少しずつ減少していく時期に重なります。肯定的態度の構造をとらえることに先立ち，すでにフリーターのメリットとデメリット（以上をまとめて**結果期待**と表記します）について述べましたが，この結果を踏まえて若者層のフリーターに対する肯定的態度の内容を検討しています。その調査の結果，3つの内容に集約されることが明らかになりました。第1にフリーターが社会を支えている存在であるといった社会の中でフリーターの活躍を認める「**貢献承認**」，第2にフリーターの経験は決して無駄にはならない，夢に向かうためのステップになるなどの「**プロセスとしての受容**」，第3にフリーターは格好いい生き方である，フリーターは賢い選択であるといった「**積極的受容**」といった内容でした。「プロセスとしての受容」と「積極的受容」はいずれもフリーターの生き方に対する肯定的態度の側面ですが，安達（2007）は肯定のスタンスに違いがあると述べています。つまり「プロセスとしての受容」は試行錯誤の過程としてフリーターを認める傾向である一方で，「積極的受容」は新しい格好良い生き方として極めて好意的にとらえる傾向であると言えます。

　では，フリーターとして働くメリット・デメリットのうちどの側面が肯定的態度に影響を与えるのでしょうか？　安達（2007）による調査の結果，社会経験になるだろうというメリットの予測はフリーターに対する3つの側面（貢献

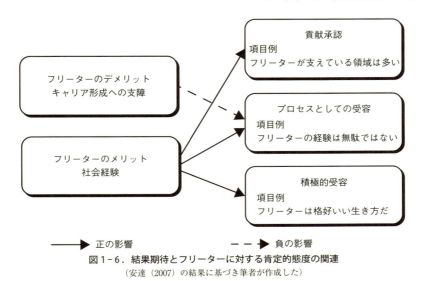

図1-6．結果期待とフリーターに対する肯定的態度の関連
（安達（2007）の結果に基づき筆者が作成した）

承認・プロセスとしての受容・積極的受容）のすべての肯定的態度を高めることが明らかになりました。またキャリア形成への支障になるだろうというデメリットの予測が「プロセスとしての受容」という肯定的態度に負の影響を与えていました（図1-6）。一方で，メリットである「自由」の側面・デメリットである「悪条件」「不安定」「低い社会的評価」の側面は，フリーターに対する肯定的な態度に影響を与えないことが明らかになりました。フリーターに対する肯定的態度に影響を与える結果期待は，働くことに付随する外的な要素ではなく，社会のつながりや将来のキャリアに関わるといった若者の内的要素に影響すると考えられます。この研究の結果から，若者がフリーターという生き方を選択することによってもたらされる結果期待がどのような社会経験になるのか，また将来へのキャリア形成においてどのような支障をもたらすのかを自ら考える機会を持つことで，若者のキャリアに対する意識や態度の変容につながると考えられます。

8-4．近年の動向とフリーターの今後

　フリーター数の近年の傾向として2006年を境にして「15歳から24歳」よりも

「25歳から34歳」の人数が多くなる現象が続いています。若年層のフリーターの減少は喜ばしい側面ととらえることができますが，一方で，「25歳から34歳」の層の増加は，このテーマに新たな視点を提供するものです。この傾向に関連して，厚生労働省の定義からは外れてしまいますが，「35歳から44歳」の**高齢フリーター**と呼ばれる存在が今後増加する可能性が指摘されています。フリーターに関する研究は，その定義が34歳までに限られていることからも，若者層，特に高校生や大学生の職業教育に寄与するものが中心になっていて，おもに若者の労働問題ととらえられてきました。しかしながら，フリーターの年齢層が高くなっている近年の新たな動向から，労働問題から社会問題としてとらえられるように変化しつつあります（下村，2009）。今やフリーターの問題は若者のキャリア育成のテーマとしてとらえるだけでなく，幅広い年齢層を対象にしたその時代の社会的背景・経済状況・個人的要因を踏まえた社会全体のテーマであるように思います。

◆◆引用文献◆◆

安達智子（2007）．若者層のフリーターに対する肯定的態度の構造と規定要因　実験社会心理学研究, 47, 39-50.

下村英雄（2009）．第2章問題意識と理論的背景（第1部）　白井利明・下村英樹・川崎友嗣・若松養亮・安達智子（著）　フリーターの心理学　世界思想社　pp.12-29.

総務省統計局（2015）．労働力調査詳細集計.

9．授業中に私語をするこころ

9-1．私が大学教員になったころ

　筆者が北海道 A 市の某国立大学で教鞭を取るようになってから35年以上になります。この間，常に18歳から21歳の若者たちと関わりを続けてきました。そこそこ長い間，少しずつ変わっているつもりではありますが，同じような営み（授業）を続けてきました。他方，筆者の変化をはるかに凌駕して学生諸君は変化しているという経験してきました。その中でも大きな変化と感じているものの1つに，講義を受講する学生諸君の**私語に対する態度**があります。筆者が大学教員になった頃に，私語がなかったわけではありません。「ざわざわ」しだしたなと思うと，筆者は話すのをやめて黙ったものです。すると受講生の誰かが「シーっ」と言いだし，結果として静かになっていました。筆者が「静かにしてください」と発言する必要はなかったわけです。また私語が生じる頻度も少なかったように思います。しかし5年10年と過ぎるうちに，誰も「シーっ」と言わなくなりました。「ざわざわ」という私語は，そのまま講義を続けていても，あるいは沈黙を試みても，「わいわい」という感じになり，止まることがなくなりました。少なくとも半年に1回は「静かにしてください」と注意せざるを得なくなりました。

9-2．授業中の私語という問題

　友人同士で雑談をするという行動は，授業という場でなければ，ごくごく日常的な，むしろ好ましい風景に過ぎません。しかし，教員が授業を展開中の教室での，そうした行動は，私語とみなされ制止されるべきものとみなされます。その最も大きな理由は，授業をそれこそ「まじめに聞こう」としている別の学生の迷惑になるからです。もっと積極的な理由として言えば，学生の授業を聞く権利を妨害する行為だからです。

学生の授業中の私語に接して，筆者の中に生じた疑問は次のようなものでした。「何故学生たちは授業中に私語を続けるようになったのだろうか？」。授業中に，思いついたことがあって，隣の友人にちょっと言葉をかけたくなるということは，おそらく誰にでもありそうなことです。ただ，私が教員になった当時は，すでに書きましたが，誰かが「シーっ」と言って私語を制止したものでした。そのような制止があると，私語をしていた人も黙るという，いわば**暗黙のルール**が成立していたということができるように思えます。

しかし，そうした状況は変わりました。そこには2つの要因が関わっていると考えました。1つは私語をする側の，**私語を促進する要因**に変化が生じ，私語が生じやすくなったというもの，もう1つは**私語を抑制する要因**が変化して，私語が止まりにくくなった，というものです。当時はもっぱら前者に関心があり，「講義＝TV論」といったものを考えていました（1996年7月15日付朝日新聞，本川達雄東京工業大学教授の意見参照）。講義を受講している学生にとって，教員の講義はTVを観ているようなものではなかろうか。だから，「番組」の内容が興味をひかなくなれば，周りの友人と雑談を始めるのではないか，という想像です。その背景には「大学とは勉強するところ」という理念が学生の間で共有されなくなりつつあったという事情もありそうでした。

9-3．私語をするのは何故？

学生たちが私語をするのは何故かについて，冷水（2000）がとても興味深い論文を書いています。彼女は心理学の授業で，「人はなぜ授業中に『私語』をするか？　どうすれば私語はなくなるか」と題するレポート課題を出し，626人の学生のレポートについて内容分析しています。その内容を私の仮説に沿って整理してみると，表1-3のようになります。表ではその事実によって私語が促進されると考えられる要因と，その減少によって私語の抑制が低下する要因という，促進-抑制の分類軸に，私語をする学生の側の要因と私語をする学生を取り巻く環境という視点からの分類軸を加えてみました。私語をする側の要因で，私語をする以外の選択肢がなさそうな要因は「友達と関わりたい・話したい・仲間であることを確認したい」と「話しかけられたら応じないと仲が悪くなる（応じるのはまずいと思うが，仲が悪くなる方がもっとまずい）」の

表1-3. 私語を生じる要因

	促進する要因（そのことによって私語が増えることが予想される）	私語の抑制が低下する要因（そのことが変わることによって私語が増えることが予想される要因）
私語をする側の要因	○友達と関わりたい・話したい・仲間であることを確認したい ○講義がフラストレーション ○自己アピール ○周りが静まり返っていると不安になって話したくなる ○教員への反発 ○私語をしている自分を客観的に見ることができない	○親の躾の問題（私語を慎むという躾がなされなくなる） ○人の迷惑を考えない ○話しかけられたら応じないと仲が悪くなる（応じるのはまずいと思うが，仲が悪くなる方がもっとまずい） ○授業への動機づけが低い（授業が分からない・自分の関心と関係がない・期待ハズレ・出席目的・空いた時間の埋め合わせ・友達との時間合わせ⇔良い成績をとることの報酬が不明確？） ○他の人もやっているのでかまわないと思う
私語を取り巻く要因	○大教室である ○席が決まっていない（友人や仲間で座ることができる）	○教員が怖くない ○教員の視点に立てない ○他人を注意しにくい ○暑かったり，寒かったりして授業に集中できない ○昼食後だと昼休みの延長の雰囲気のまま授業になる

ように思われます。その他の要因は，私語以外にも選択肢がありそうです。寝るとか，内職をするとか，講義室から出ていくとか……。

他にもいくつか大学生の私語を扱った研究を見てみました。北折（2006）は，授業の雰囲気や私語の悪質性の判断などについて検討しています。私語の悪質性についての大学生の評価は，「授業への関心の無さ」「周囲への同調」「眠気覚まし」の3つの観点（最初の2つの観点の名称は，筆者が付けました）からなされていました。それぞれの観点についてどの程度悪質と判断しているかを表す平均値は，「授業への関心の無さ」がほぼ3.0で5段階に基づく判断の真ん中，「周囲への同調」の平均値は3.8で，かなり悪質の方に傾いていました。

また出口・吉田（2005）は，私語の頻度に，私語行動への良し悪しの判断（私語規範意識）や，個人特性や大学生活の目標などが影響するかどうかを検討しています。彼らは私語を「授業に関係のある私語（授業私語）」と「授業に無関係の私語（授業無関係私語）」に分けて検討していますが，全体としては私語規範意識の私語頻度への影響が大きいことが示されています。

9-4．私語は「文化」か？

　そういえば，冷水（2000）の学生の回答に，「私語は無くてはならないもの，生きるための『生理的欲求』である」というものがありました。筆者が卒業論文を指導した高橋（2004）による授業中の私語の研究では，私語が多い授業のワースト3が，①面白くない，②教員の一方向授業，③注意の仕方が甘い，であり，私語が少ない授業のベスト3は，①面白い，②私語に対して厳しい，③ノートを取るのに追われる，でした。この結果から大学生が「面白ければ授業を聞くが，面白くなければ私語をする」という姿勢でいることがうかがわれます。

　大教室の授業，友人同士が座る座席，教員の私語に対する厳しさの違いなど，確かに学生を取り巻く環境要因の影響も考慮することは大事だと思われます。他方，交友関係が楽しみであって，それにひびが入るのは避けなければならないと感じる若者たちの姿もうかがえます。学生たちにとっての大学生活の目標は，実に多様化していますが，授業を聞くことに関わる学生の権利を侵害することの問題性は，十分に考慮することが必要です。同時に，学生たちが授業という場にもかかわらず，「私語」という選択肢を積極的にとろうとしていることを，どう理解するかも大切のように思えます。例えば，私語は学生だけの問題ではないのかもしれません。社会の様々な場で私語にぶつかることはないでしょうか。例えば映画館とか。私語を促進する要因として挙げられていたことを思い出してみると，「席を自分たちで決めることができる」「大勢の人がいる」「知人・友人と話すことが楽しい」「知人・友人と仲が悪くならないように」などの条件がそろっていて，私語を止める人がいなければ，私語が生じやすいということですから。

◆◆引用文献◆◆

出口拓彦・吉田俊和（2005）．大学の授業における私語の頻度と規範意識・個人特性との関連：大学生活への適応という観点からの検討　社会心理学研究, 21(2), 160-169.

北折充隆（2006）．授業中の私語に関する研究―悪質性評価の観点から　金城学院大学論集　人文科学, 3(1), 1-9.

冷水啓子（2000）．授業中の私語―「心理学01」受講生による自己分析結果―　桃山学院大学人間科学, 20, 277-297.

高橋絵梨子（2005）．学生の授業中の私語の生起に影響する要因の検討　北星学園大学社会福祉学部福祉心理学科学士論文　未公刊

10. 自己中が走る

10-1．自己中心的って悪ですか？

　2014年4月のある日の「YAHOO！知恵袋」に，次のような質問が掲載されていました。「自己中心的がいけない明確な理由を教えてください。……自己中心的ってそんなに悪でしょうか？　私はそう思いません。……東日本大震災の後，買い占めによってスーパーやコンビニから商品が消えました。放射能汚染の報道後，水がお店から一気に無くなりました。……普段は綺麗事を言っておきながらいざとなったら自分が一番かわいいんです。……**自己中心的**がいけない明確な理由を答えられる方がいますか？（http://detail.chiebukuro.yahoo.co.jp/qa/question_detail/q14127641764）」。途中の文章をかなり端折って引用させていただきましたが，皆さんはどう思われますか？

　ところで，この節で筆者は，「自己中心的が悪」であるかどうかを検討するわけではありません。多くの人は「自己中心的である」面も「自己中心的でない」面も持ち合わせている，あるいは「自己中心的に振る舞う」時も「自己中心的でなく振る舞う」時もある，と考えます。「YAHOO！知恵袋」に寄せられた質問の中に「東日本大震災の後，買い占めによってスーパーやコンビニから商品が消え」たことや「放射能汚染の報道後，水がお店から一気に無くなった」ことが挙げられていました。「大震災の後」とか「放射能汚染の報道後」というのは，おそらく「自己中心的な振る舞い」がなされやすい状況だったと考えられはしないでしょうか。

10-2．自己中心的振る舞いについての心理学

　さて，牧ら（2010）は，若者が自己中心的といわれている問題を，**社会的規範・道徳規範**について知らないのではなく，状況によっては規範に従わなくてよいと判断しているのではないかと考え，大学生を対象に検討しています。そ

の際，規範の例として，約束が守れなくなりそうな状況で，約束を守ろうとする意識について取り上げています。そして約束を守ろうとする意識に影響する要因を 3 つ取り上げています。第 1 は体調が悪いなどの不可避な「正当な理由」と，相手に納得してもらいにくい「個人的」な，いわば自己中心的な（以降，牧ら（2010）の「個人的」な理由を本書の文脈に合わせて「自己中心的」と読み替えます）理由です。第 2 は，1 人でも欠けると集団活動ができなくなる「非常に強い**拘束性**」，約束を破ると約束相手が活動できなくなる「強い拘束性」，数人での活動の約束であり，1 人欠けても活動は可能な「緩やかな拘束性」，他人から依頼された約束で，破ったところで影響はまったくない「拘束性なし」の 4 つの拘束性です。第 3 は，それぞれの場面での約束が「守りたい約束」か「守りたくない約束」か「どちらでもない約束」かの 3 つの欲求です。この 3 つの要因を全部組み合わせ24の場面を作りました。そしてそれぞれの場面に対し，約束を守ろうとするか，守らないかを 5 段階で評定させています。

　結果から，約束を破る理由が自己中心的な場合の方が約束を守ろうという傾向が強く，また拘束性が強いほど約束を守ろうとする傾向が強く，守りたい約束であるほど約束を守ろうとする傾向が強いことがわかりました。さらに，女子学生の方が男子学生より約束を守ろうとする傾向が強いこと，そして約束を守れない理由が自己中心的な場合に，拘束性の強さが約束を守ろうとする意識に影響を与えやすいことも明らかになりました。

　牧ら（2010）はもう 1 つ検討をしています。「**規範的態度**（規範を守ろうとする一般的傾向）」の強さの違いと約束を守ろうとする傾向との関係についてです。彼らは，約束を守ろうとする傾向を，「規範判断一定群」と「状況考慮群」の 2 群に分け（牧ら（2010）が「規範重視」と「打算的思考」と名付けたものを「規範判断一定」と「状況考慮」と呼ぶことにします），両群の「規範的態度」の強さを比較しています。約束を守るかどうかを評定した24の場面で，場面間で約束を守ろうとする意識があまり変化しない学生が「規範判断一定群」，場面の条件に応じて約束を守ろうとする意識が変化しやすい学生が「状況考慮群」です。またここで「規範的態度」得点は，「授業に毎回出席する」「自転車で車道を 2 列になって走る（※）」「図書館の本に書き込みをする

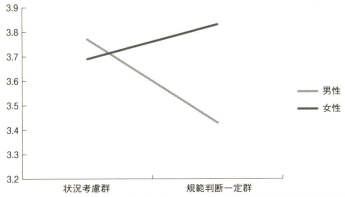

図1-7．状況考慮群，規範判断一定群における男女別の規範的態度得点の平均値

（※）」などの11項目についての態度を5段階で評定した結果の合計点（※印のついている項目は，得点の方向が反対）です。この得点が高ければ規範的態度が強いことを，低ければ規範的態度が低いことを意味します。さて，図1-7はその結果です。女子学生は約束についての考え方が違っても，規範的態度には統計的に差がないのですが，男子学生では状況考慮群の方が規範判断一定群よりも規範的態度が強いことがうかがえます。

10-3．大学生は自己中心的か——牧ら（2010）の結果と自己中心性とのつながり

　牧ら（2010）による大学生に対する調査の結果では，自己中心的な理由よりも正当な理由のある場合の方が，約束は守られない傾向があることはわかりました。このことだけを見ると，大学生は自己中心的ではないように見えます。これらの約束を守ろうとするかどうかの意識を考える時，約束の相手が同じ大学生に限られていることを考慮する必要があると思います。規範的態度と約束を守ろうとする意識との関係が，その点についての示唆を与えてくれるでしょう。

　特に男子において状況考慮群が規範判断一定群よりも規範的態度が高いことをどう考えたらよいでしょうか。状況考慮群は，状況の違いに敏感で，約束を

「守らなければならない（あるいは守らなくてもよい）」と固定的に考えない群です。こうした傾向を持つ学生の規範的態度が強かったということは，これらの学生が規範的態度を測定する項目を，状況によってもあまり変わらずに守るべき振る舞いと考えたのかもしれません。あるいは，特定の振る舞いについて様々な状況が設定されていなかったので，とりあえず守る方向で判断したほうが適切と考えたのかもしれません。大学生は，自分たちの仲間関係では自己中ではないと考えられますが，そうではない状況では自己中で振る舞う可能性があるかについては，別途検討する必要がありそうです。

10-3．自己中心的振る舞いは現代社会で問題となっているか？

　岩佐（2007）は，「すべての人間が……物事を自分の立場からとらえてしまい……他者の気持ちや立場を考慮することができない。これを広い意味での自己中心性……と呼ぶことができるとすれば，現代社会の多くの問題は，人間の自己中心的傾向と深くかかわっている」と述べています。そして大学生に，①現代社会の諸問題の根底には人間の自己中心的傾向があるとの考えを支持するかどうか。②人間の自己中心的傾向を和らげ，徐々に克服していくことは可能と思うかどうか，について尋ねています。その結果，①の問いにそう思うと答えた学生が79.4％に上りました。他方②の克服可能性について肯定したのは37.5％に過ぎませんでした。この結果は多くの大学生が，様々な社会問題の根底に自己中心的傾向が関わっていると認識していながら，それを克服していくことがかなり困難であると考えていることを示しています。「自己中」の克服は現代日本社会の課題と考えられているようです。

◆◆引用文献◆◆
岩佐信道（2007）．自己中心的傾向の克服についての一考察　日本教育心理学会第49回総会発表論文集, 488.
牧　亮太・宮木景子・湯澤正通（2010）．大学生の約束意識と規範的態度　広島大学心理学研究, 10, 81-88.

第2章　人とのつながりが変わった？

1. ケイタイと人とのつながり［今川民雄］
2. SNSは世界を広げる？［今川民雄］
3. 若者の友人関係の希薄化とひとりぼっち回避［渡辺　舞］
4. ママ友というつながり方［佐藤　梓］
5. 今どきの若者の恋愛という関係［山口　司］
6. 人とのつながりと失恋［山口　司］
7. 人とのつながりは高齢者になると変わる？［山口　司］
8. 今どきの親と子のつながり方［佐藤　梓］
9. 人とのつながりに臆病になる［後藤　学］
10. 今，人を支援するとは［今川民雄］

1. ケイタイと人とのつながり

1-1. ケイタイの時代

　筆者が携帯電話（以後「ケイタイ」とします）を持つようになったのは，2003年の春頃だと思います。それまでは，ケイタイなど必要ないと言い張っていました。その前年，現在の大学に移ったのですが，私のゼミに入ってきた学生は全員ケイタイを持っており，メールのやりとりをパソコンでしていたのは筆者だけでした。それでもこちらからゼミ学生にメールを出せば連絡がとれるということは，とても便利だと思ったものでした。しかし世の中は大きく変わりつつあり，ケイタイでのコミュニケーション（メールも含む）がとれないということが，周りの人に非常に困った事態を生むという経験をすることによって，筆者もケイタイを持たざるを得なくなったのでした。

　ケイタイを持たざるを得なくなったという事情とは別に，筆者がケイタイの普及によって変わったという印象を持つ活動があります。それは「電話相談」に関してです。筆者は長らく「いのちの電話」の活動に関わってきていますが，そのスローガンの中に「いつでも，だれでも，どこからでも」という言葉があります。ケイタイの普及は，このスローガンを，字義どおりのものにしたという印象を強く持っています。というのも，「固定電話（イエデン）」は，自分一人の所有物としての電話であっても，電話を使える場所が決まっています。ケイタイは，かける側にとって字義どおり「いつでも，どこからでも」かけることができる電話を実現したと言えましょう。つまりケイタイはコミュニケーションにおいて，物理的な空間という次元を実質的に消去するように働いたと思われます。

1-2. コミュニケーションの在り方が変わる

　電話がなかった時代には，リアルタイムのコミュニケーションは，対面での

音声言語を主としたやり取りでした。手紙という文字を用いた手段はありましたが，時間の経過が不可分な要素でした。電話の出現は，顔を合わせなくてもリアルタイムでコミュニケーションがとれる道具の出現として，人とのつながり方に変化をもたらしました。離れていても瞬時にコミュニケーションができるようになりました。また，「いのちの電話」にみられるように，対面でない，それゆえ**匿名でのコミュニケーション**も可能になったのです。ただ，開始当初は「イエデン」か「公衆電話」かという形で，空間的な拘束条件をともなっていました。ちなみに，いのちの電話は「東京いのちの電話（社会福祉法人いのちの電話）」が開設された1971年に始まり，当初から24時間体制で電話を受けています。ボランティアによる休みなしの相談体制が可能になった背景にも，電話という道具の特質が反映されていると言えるでしょう。

　さて，ケイタイです。すでに触れたように「いつでも，だれでも，どこからでも」機能によって，友人関係などで**新たなコミュニケーションのパターン**が生じることになりました。親しい友達とは，学校で会う，放課後会う，休日に会うといった対面的な交流から，会っていなくてもいつでもコミュニケーションができるという新たなつながり方が加わりました。親しい間柄では，こうしたコミュニケーションの在り方は，より親しさを増す方向で機能するに違いありません。他方，電話やメールは，さほど親しくなくてもやりとりが可能です。普段だったら会うことはないような間柄でも，電話をかけたりメールを出したりすることはできます。着信した電話やメールにどう対応するかが，現代の若者にとっては頭を悩ませるテーマの1つのようです。冷たくしたと思われて，それこそ「はぶかれ」たりしないように，とはいえ，さほど親しくないということがそれなりに伝わるように対応するということが，必要なスキルとなっているのではないでしょうか。ケイタイに電話がかかってきた時に，端末に表示される電話番号を確認してから電話に出るかどうかを決める行為―「**番通選択**」が広く若者に行われていることからも，そうしたスキルが必要になっていると思われます。

1-3．ケイタイによって時間感覚が変わった

　これは最近の高校生の話です。友達と何人かで午後の1時に待ち合わせたが，

時間どおりにやってきたのは二人だけで，結局全員が集まったのは午後の3時半だったというお話です。筆者の世代ではありえないことです。しかし，今の若者たちにはそれが特別おかしな状況ではないようです。こうした事情の違いには，ケイタイという道具の存在なしには考えられません。私たちの世代だったら，①怒って，②悲しかったり寂しかったりしながら，あるいは③何かあったのかと心配しながら，④あきらめて，あるいは⑤無視することにして，その場を離れると思います。他方，今の若者にとっては，帰ってしまうことの方がまずいと感じるのではないでしょうか。その場を離れてしまうことで，その友人たちとの関係が悪化することを恐れているといったことが考えられます。また，待たせる方の立場では，今は皆ケイタイを持っているので，時間に間に合わない場合でも，すぐに連絡をつけることができます。そこで待っている側も，相手がどういう状況なのか確認できれば，まったくわからないでイライラ待つ場合と比べて，待つこと自体がさほど不快ではないのかもしれません。待っている間の時間つぶしも，待ち合わせ場所がゲーセンであれば，2時間くらいあっという間でしょう。今の若者たちにとって待ち合わせ時間は，ちょっとした「目安」程度のものなのかもしれません。そう考えると，待つくらいどうっていうことはないくらいに，一緒に集まることが大事なのではないでしょうか。

1-4．ケイタイは親密な関係を維持するために有効な道具

新美（2009）はケイタイが普及する社会で問題とされてきた人間関係への影響を取り上げています。その中で，松田（2006）が「他人との関わり合いの忌避傾向が見られることへの憂慮」と「若者が『匿名の人間関係』を構築していることへの違和感」の2つの懸念を「**人間関係希薄化論**」と呼んでいることに触れて，実証的な研究ではケイタイの利用と人間関係の希薄化は関係がないと結論づけています。そのうえで新美（2009）は，「友人関係における携帯電話利用に関する研究には……二つの流れがあるように思われる。一つは，一見希薄に見える関係は，実は選択的になったのだというものである。今一つは，希薄化とは逆に濃密な関係の維持に携帯電話は利用されているというものである」と述べ，これらの見解の実証的データを検討しています。図2-1は大学生の**ケイタイ電話帳上の登録人数**の経年比較のデータです。2001年から2008年

1．ケイタイと人とのつながり　57

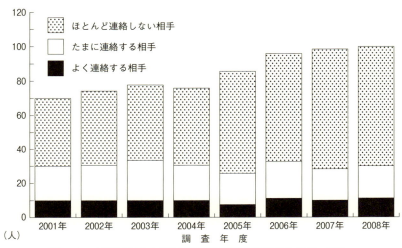

図2-1．大学生調査における携帯電話の電話帳の登録数（新美，2009）

にかけて登録人数は増加していきますが，よく連絡する相手やたまに連絡する相手の人数は，変わっていません。

　ケイタイへの登録人数が増えても，親しい相手との連絡が減ることはないのです。ケイタイに登録することが，いわば若者にとっての名刺交換といった機能を担っているように思えます。1回でも顔を合わせれば知り合いの範囲と認定することで，まったく知らない相手からの電話やメールを区別する機能も果たしているとも考えられます。

◆◆引用文献◆◆

松田美佐（2006）．ケータイをめぐる言説　松田美佐・岡部大輔・伊藤瑞子（編）　ケータイのある風景―テクノロジーの日常化を考える　北大路書房．

松尾美紀（2009）．青年期における携帯電話利用の発達的変化：大学生の回顧的調査を用いての試み　名古屋学芸大学ヒューマンケア学部紀要，3, 1-10.

新美明夫（2009）．「若年層の友人関係における携帯電話利用研究」―その概観と大学生の経年調査による検討―　愛知淑徳大学論集―コミュニケーション学部心理学研究科，9, 89-102.

2. SNSは世界を広げる？

2-1. SNSへの関心を持ち始めた

　何年か前になります。筆者のゼミ生が，卒論でmixiについて研究したいと希望しました。このことをきっかけに，筆者もSNS（Social Networking System）に関心を持ち始め，ゼミ生にいろいろ聞いてみました。その結果わかったことは，ゼミ生が皆mixiに加わっていて，大学から帰宅してもmixiを通じて，一緒にゲームで遊んだり，様々なやりとりをしていることでした。実は，以前学会を通じての友人からmixiに入らないかと誘われたことがありました。その時はmixiの何たるかをまったく知らずにいて，あっさりとお断りした記憶があります。

　実は筆者は今だにSNSを利用してはいません。多分SNSを使わない理由の第1は「時間がない」ということに尽きるのではないかと思っています。現在の生活パターンを繰り返すことに精いっぱいで，SNSを通じたやりとりを必要と感じないといったところでしょうか。SNSを利用している人はよく，昔の知り合いとまたやりとりが始まった，ということをSNSの利点として話してくれます。しかし筆者にとっては，現在の知り合い関係を維持していくだけで精いっぱいだと感じています。

2-2. SNSとは何か

　SNSとは，尾上（2007）によれば「本来人と人とのつながりを促進・サポートするコミュニティ型のWebサイトであり，友人・知人間のコミュニケーションを円滑にする手段や場を提供したり，趣味や嗜好，居住地域，出身校，あるいは"友人の友人"といったつながりを通じて新たな人間関係を構築する場を提供する会員制のサービスのこと」とされています。手紙や電話やメールのやりとりと違い，そのやりとりが「多対多」で展開されることが特徴

と言えるでしょう。Facebook, GREE, mixi, Mobage, LINE, Twitter などはよく知られた SNS です。筆者のゼミ生がそうであったように，若者にとって SNS は既存の関係の絆を強めたりするために重要な機能のようです。

2-3．SNS はどのように利用されているか

　筆者の単なる実感ではなく，SNS がどのように利用されているかについて調査を行った川浦ら（2005）を見てみましょう。彼らは mixi と GREE に参加している人々に呼びかけて調査に協力してもらいました。回答者がよく利用している SNS では94.3％が mixi を挙げていたことから，川浦ら（2005）は，以後の分析をこの94.3％の人にかぎり，mixi の利用者の分析としています。回答者の平均年齢は32.2歳ということでした。回答者が mixi を利用するきっかけとなった招待者（mixi に会員登録するためには，すでに登録している会員からの招待が必要だった）は，「現在の友人・知人・家族」が63％と最も多く，その他の知人・友人を含めると，知り合いが96％に上るとしています。川浦ら（2005）は mixi 利用による満足・経験に関する経験や行動のリストを掲げ，それらの経験度や負担感などを15項目で尋ねています。その結果を主成分分析という統計的方法で分析したところ，①友人とのやりとりの親密なコミュニケーション，②日記や紹介文における相互規範，③個としての振る舞い，の3つのカテゴリーに分類されました。また mixi の利用の仕方について評定する項目についての分析では，やはり3つのカテゴリーに分かれ，①人脈形成，②対人関係維持，③道具，の3つのカテゴリーに分類されました。

　川浦らの調査は2005年の2月から3月でした。この結果から見ると，少なくとも2005年の時点では，mixi に限定されてはいますが，SNS の利用は，友人・知人に誘われて参加することがほとんどで，そのためか友人とのコミュニケーションが中心的な機能であることがうかがえます。

2-4．SNS の利用は変化していっているか

　SNS の利用の仕方はその後どう変わっているのでしょうか。ほぼ4年半後の2009年10月に菅原（2010）が大学生の mixi 利用者に関する調査を行っているので，それを取り上げてみましょう。まず，調査協力者の大学生271名のう

ち mixi に参加しているものが174名（64.2%）でした。約3分の2の学生がmixi に参加していたことになり，大学生にとってはSNS利用はごく一般的になっていることがうかがい知れます。また菅原（2010）では，**マイミク**（mixi 上で友人関係の登録を行っているユーザー）の人数と，マイミクのうち現実でも友人である人数とを尋ねています。マイミク人数の平均値は53.3人で，そのうち現実でも友人である人数の平均値は46.6人でした。マイミクに登録されている者の87%が現実の友人であるという結果でした。mixi でのつながりが，もっぱら現実での友人関係でもあることを示しています。また，予備調査で，mixi に参加することによって得られる良い点と悪い点を自由に挙げてもらい，30項目にまとめた「**mixi 経験尺度**」をこの調査で実施していますが，因子分析の結果3つの因子に分かれ，第1因子を「友人と仲良くなれ，交流を深められる」「友人のことを知ることができる」「色々な人と交流，出会うことができる」などの項目が集まり，「関わり・コミュニケーション」と名付けています。第2因子を「出会い系化している」「希薄な人間関係ができる」「個人情報の漏洩がある」などの項目で構成され「ネガティブ側面」と名付けています。第3因子を「暇つぶしになる」「友人の日記を読める」「情報を手に入れられる」の3項目で構成され「ちょっとした有用性」と名付けています。

また石井（2011）は5つのSNSについて，それぞれの主な利用者150名ずつに調査協力を求めた結果を示しています。表2-1をご覧ください。mixi とFacebookではSNS上の友達に占める既知の友達の割合が3分の2を超えていますが，モバゲー，グリー，Twitterではいずれも2割を切っています。つまり，SNSによって利用目的がかなり異なっているということがわかります。

SNSは，現実の友人関係を維持・強化していく舞台としての役割を担う側面と，SNS上だけでのつながりでのやりとりをメインとする機能を担う側面とがあることになります。この石井（2011）のデータは，それぞれのSNSのおもな利用者を対象にしているので，実際にどのような利用の有り様が多いのかを知るための資料にはなりません。とはいえ，SNSが現実の交友関係のいわば延長上に展開し，関係の維持・強化という機能を持つ一方で，SNS上の新たなつながりを生み出している側面があることは，SNSの持つ可能性のさらなる広がりを，ポジティブな意味でもネガティブな意味でも予感させている

表2-1. SNSでの「友達」の人数 （石井（2011）より）

	mixi	Facebook	モバゲー	グリー	Twitter	F検定
友達の数（平均）	21.3	24.4	8.8	11.9	50.8	11.9***
同（標準偏差）	38.1	54.1	24.0	23.7	109.1	
既知の友達の数（平均）	14.4	17.2	1.7	1.5	6.5	15.8***
SNSのみでの友達の数（平均）	6.9	7.2	7.1	10.3	44.3	13.7***
出会いの数（平均）	3.6	5.9	1.5	1.3	2.4	1.9 ns
既知の友達人数の比率	67.4%	70.5%	18.9%	12.8%	12.7%	

のではないでしょうか。

◆◆引用文献◆◆
石井健一（2011）．「強いつながり」と「弱いつながり」のSNS―個人情報の開示と対人関係の比較― 情報通信学会誌, 29(3), 25-36.
川浦康至・坂田正樹・松田光恵（2005）．ソーシャルネットワーキング・サービスの利用に関する調査：mixiユーザの意識と行動 コミュニケーション科学, 23, 91-110.
尾上恵子（2007）．女子学生の人間関係構築における諸要因について 一宮女子短期大学紀要, 46, 15-22.
菅原奈緒（2010）．大学生におけるmixiの利用状況の把握および親和動機との関連性について 北星学園大学社会福祉学部福祉心理学科学士論文（未公刊）

3．若者の友人関係の希薄化とひとりぼっち回避

3-1．はじめに

　現代の学生の友人関係は常にSNS（ソーシャル・ネットワーキング・サービス）によってつながっているようです。朝の「おはよう」の挨拶から始まり，学校にいる間中も発信をし続け，家に帰って「おやすみなさい」に至るまでつながっていることが当たり前のようです。筆者の学生時代には，携帯電話もありませんでしたので，週末に遊びに行く約束をする時には，家の固定電話でなければ連絡はとれませんでしたし，長期休みに入ると友人とまったく連絡をとらない時期もありました。この20年間で，コミュニケーションのツールは劇的に変化し，友人関係の有り様にも変化をもたらしているように思われます。

　青年期は，それまでの児童期と比べ，家庭と徐々に距離を置き，親から心理的に独立し，社会や文化の影響をより能動的に受ける時期になります（宮下，1995）。青年にとっての友人関係研究は発達的な視点からも重要視されていますし，時代によるコミュニケーションのとり方に様々な変化があったとしても青年にとっての友人関係はどの時代においても重要なテーマであると考えられます。

3-2．現代青年の友人関係の希薄化傾向

　和田・林（2008）は1982年から2002年の20年間の同性友人関係の変化を比較検討しています。2002年の友人関係では，20年前に比べ，友人との相互的行動が減り，友人と一緒にいる時の気分について緊張や回避の傾向が強いことを示しました。さらに近年，友人関係において表面的で円滑な関係を求める傾向があること（橋本，2000）や，友人関係において無関心である傾向があること（松永・岩元，2008）が指摘されています。岡田（1995）は，現代の友人関係の様相を明らかにする友人関係尺度を作成しています。青年期の友人関係には

3. 若者の友人関係の希薄化とひとりぼっち回避

互いの内面を開示することなく、傷つけないように接し、表面的で円滑な関係を築く傾向があることを指摘し、友人に気を遣いながら接する「**気遣い関係群**」、深い関わり合いを避ける「**ふれあい回避群**」、表面的な面白さを志向する「**群れ関係群**」があることを示しています（表2-2）。これらの研究結果からは時代が移り行くなかで友人関係の在り方が変化し、**希薄化**している傾向を示していると言えそうです。

表2-2．友人関係尺度の内容 （岡田（1995）の結果に基づき筆者が作成）

現代友人関係の特徴		項目例
特徴①	気遣い関係	相手の考えていることに気を遣う 互いに傷つけないように気を遣う 自分を犠牲にしても相手につくす
特徴②	ふれあい回避	お互いのプライバシーには入らない お互いの領分に踏みこまない 相手に甘えすぎない
特徴③	群れ関係	冗談をいって相手を笑わせる ウケるようなことをよくする みんなで一緒にいることが多い

3-3．ひとりぼっち回避とは？

高校生・専門学校生や大学生の昼休みには、机を囲んで弁当を食べる友達グループがよく見られます。この傾向は特に女子に多いように思われます。大嶽（2007）は青年期の女子が特定の友人グループと多くの時間を過ごすという特徴に注目し、「無理にでも友達をつくり、一緒にいなければいけない」と考える規範意識の存在を指摘し、これを「**ひとりぼっち回避規範**」と呼んでいます。この「ひとりぼっち回避規範」の高い人の特徴として、学校生活において一人で行動することを恐れ、特に進学・進級といった環境移行期には自分が所属できそうな友人グループを活発に探索し、ともに行動する傾向があることを明らかにしています。

近年、若者の中で「一人でいるところを見られるのは不安だ」という「**ひとりぼっち恐怖**」と呼ばれる心理が広がっていると言われています。藏本（2013）は、見知らぬ他人でもなく、非常に親しい間柄でもない中間的な親し

さの他者に見られることによってこのような「ひとりぼっち恐怖」が喚起されることを明らかにしました。青年にとって，「ひとりぼっち」を回避することは，集団に所属することで自分にとっての居場所を確保しつつ，「ひとりぼっち恐怖」を回避するための防衛的な意味があると考えられます。

3-4．現代青年の友人関係の特徴

これまで，現代青年における友人関係の希薄化とひとりぼっち回避規範の傾向があることをまとめてきました。現代青年の特徴として藤井（2001）は，孤独は避けたいが，深く関わることを避けたがるといった**心理的距離**が同性友人関係には存在すると指摘しています。また，橋本（1997）は青年における対人関係の理想的なスタイルとは，「集団内でスムーズに関係を形成し，関係に積極的に関与しつつも，個人の価値観やプライバシーを侵害せず，葛藤は極力回避する」ことであることを示しています。さらに理想的な友人関係については「本音で付き合うこと」を求めていること（松永ら，2008），また岡田（1999）も現代青年は現実では希薄な関係を持ちながら，表面的な関係を肯定しているわけでなく，友人との内面的な関係を求めていることを示し，現代の特徴とされている関係性に現代青年が満足しているわけではないことを指摘しています。

青年は，友人との関係を通して他者とは異なる独自の存在であることに気づき，自分の存在を理解していくと言われています（落合，1993）。また親から心理的に独立しようとしつつ，まだ自分に自信が持てない状態にある青年にとって，友達の存在は大きな支えとなるだろうと考えられます。現代社会における青年期の友人関係の特徴もとらえつつ，青年がどのような友人関係を形成していくのかを今後も検討していく必要があると考えられます。

◆◆引用文献◆◆

藤井恭子（2001）．大学生の友人関係における心理的距離のとり方　茨城県立医療大学紀要, 6, 69-78.

橋本　剛（1997）．現代青年の対人関係についての探索的研究―女子学生の面接データから―　名古屋大学教育学部紀要（心理学), 44, 207-219.

橋本　剛（2000）．大学生における対人ストレスイベントと社会的スキル・対人方略の関連　教育心理学研究, 48, 94-102.

藏本知子（2013）．女子大学生の「ひとりぼっち恐怖」に関する探索的研究―「世間」との関連を通して―　人文（学習院大学人文科学研究所），12, 103-118.
松永真由美・岩元澄子（2008）．現代青年の友人関係に関する研究　久留米大学心理学研究, 7, 77-86.
宮下一博（1995）．青年期の同世代関係　落合良行・楠見　孝（編）講座生涯発達心理学第4巻　自己への問い直し：青年期　金子書房　pp.155-184.
落合良行（1993）．あなたには親友がいるか―友人関係　落合良行・伊藤裕子・齋藤誠一（著）ベーシック現代心理学4　青年の心理学　有斐閣　pp.153-170.
岡田　努（1995）．現代大学生の友人関係と自己像・友人像に関する考察　教育心理学研究, 43, 354-363.
岡田　努（1999）．現代大学生の認知された友人関係と自己意識の関連について　教育心理学研究, 47, 432-439.
大嶽さと子（2007）．「ひとりぼっち回避規範」が中学生女子の対人関係に及ぼす影響―面接データに基づく女子グループの事例的考察―　カウンセリング研究, 40, 267-277.
和田　実・林　文俊（2008）．大学生の同性友人関係―その変化と親密度との関連―　名城大学総合研究所総合学術研究論文集, 7, 89-101.

4．ママ友というつながり方

4-1．はじめに
　某インターネット検索サイトで「**ママ友**」で検索をかけてみると，最初に表示されたのは「絶対にやってはいけないママ友付き合い8ヵ条」という内容のサイトでした。その他に表示される内容もネガティブなものばかりです。
　これは，すべてが本当ではないのかもしれませんが，「ママ友」付き合いに困ったママたちが少なくないということを表しているのでしょう。世間では，「ママ友」付き合いのルールに関する書籍などをよく目にするようになりました。
　「ママ友」関係とは，そんなに怖いものなのでしょうか。
　近年，「ママ友」という言葉が聞き慣れた当たり前のものになっており，ほとんどの母親に「ママ友」がいるようです。
　ママたちは，悩みの種の1つになりそうな「ママ友」を何故求めるのでしょうか。

4-2．「ママ友」の社会化！？
　「ママ友」という言葉は2000年代に入ってから聞かれ始めた言葉であり，大嶽（2014）によると，おおむね子どもを通じて知り合った仲間であると言われています。こうした仲間関係は，おそらく「井戸端会議」や，少し前に話題になっていた「公園デビュー」の中でも見られていたものと思われます。
　しかし，核家族化，少子化，働く女性の増加，ご近所関係の希薄化といった社会の変化とともに，子育てについて相談し合う関係が自然発生しにくい世の中になりました。
　実際に育児を目にしたり体験したりする機会がほとんどないまま母親になる人が増えていますが，ご近所付き合いが減ったために，身近なところで育児の

相談ができるサポート源を得ることが難しくなっています。すでに子育てを終えた自分の親世代に相談することも可能でしょうが，水分は母乳で十分であり乳幼児の入浴後の湯冷ましは必要ない，口内の菌がうつるので離乳食で子どもと同じ食器を使わない，紙おむつの改良により排泄の自立が1年程度遅くなっている，小学校入学以降のクラブ活動では練習や試合に親が必ず付添うなどと，育児の様相が昔とは違っており，子育てを終えた人の意見が参考にならないことがあるのではないでしょうか。こうした育児に関する知識不足を埋めるために育児書やママ向けの雑誌が多く出版されるようになりました。それでも，実際は本のようにうまくはいきませんから，ママとしての自信を得られず，相談しようにも同じような子育て中のママたちがどこにいるかもわからないというように，母親が育児ストレスを抱えやすい社会になっているように思えます。そうしたなかで，児童虐待が世間で大きく取り上げられるようになり，ママの育児ストレスを緩和する環境整備が強く求められるようになりました。

　その結果，出産前の母親学級，地域の子育て支援センター，ベビーマッサージの教室，Facebookなどを通じて呼びかける子育てサークルなど，社会の側が「ママ友」をつくる場所を提供するようになりました。偶然の出会いではなく，用意された集団に参加することで「ママ友」という育児のサポート源を得ることが増えてきているようです。飲食店やショッピングモールなど商業施設側も，子連れOK，ママ会に使える，といったフレーズで宣伝しており，様々な場所で「ママ友」による「ママ会」が開かれるようになりました。今や，妊娠・出産を経ると「ママ友」がいるのが当たり前であり，「ママ友」がいないことを不安に思う人もいるようです。

4-3．「ママ友」への役割期待

　「ママ友」が育児のサポート役という以前に当たり前の存在になった今，母親たちは何を求めて「ママ友」をつくろうとするのでしょうか。

　こうした人間関係を結ぶ目的のことを，心理学では，ある地位や状況にいる個人に対して，周囲の他者からしかるべき役割の実行を期待する「**役割期待**」と言います。中山ら（2009）によると，「ママ友」に対しては，苦しい立場の時に味方になってくれるなどの「**支援性**」，自分の言動に責任を持つなどの

「**自律性**」への期待が高いとされています。つまり，子育てがうまくいかない時に共感し，自分の行動を肯定してくれることと，子育てにつまずいた時に指針となるようなものを示してくれるお手本になってくれることを求めていると考えられます。筆者も，夕食準備中に空腹を我慢できない子どもに，ダメだとわかっていてもついお菓子を与え過ぎてしまうことに落ち込むと，ママ友に話すことで共感を得て，仕方ないと気持ちを立て直しているような気がします。

平成25年度に内閣府が行った「家族と地域における子育てに関する意識調査」では，地域で子育てを支えるために重要なこととして，「子育てに関する悩みについて気軽に相談できる人や場があること」「子育てをする親同士で話ができる仲間づくりの場があること」が上位に挙げられており，やはり悩み相談による共感と子育てをする者同士の関わりによる知識や情報の収集を「ママ友」に期待していると言えます（図2-2）。

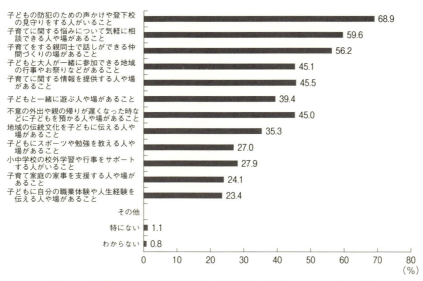

図2-2．地域で子育てを支えるために重要なこと（内閣府（2014）：女性の回答）

4-4．お洒落なママたち

ところで，子育ての仕方はもちろん，夫の愚痴，教育環境，車を買う・家を

買うといった経済的なことなど，ママ会で交わされる会話の内容は多岐にわたります。中でも最近は，ママのファッション，ベビーカーや抱っこ紐といった子ども用品，キャラクター弁当など，見た目のお洒落さが雑誌やテレビ番組で取り上げられることが多く，そうしたことに関する情報交換も多いのではないでしょうか。これは筆者の主観かもしれませんが，小児科や地域の定期健診，公園などの遊び場に行くと，流行りの服装とメイクでお洒落なママをたくさん見かけます。核家族化や少子化，そして便利な家電の開発によって家事負担が軽減され，家事や子育てに追われるばかりでなく，ママたちは自分のことも気遣う時間ができたようです。

　少子化やご近所関係の希薄化，便利なものの普及により子育ての経験や知識を持たないママたちが増え，ママとしての自信がなかなか持てない時代になりました。そうした中で児童虐待が注目され，子育ての負担を軽減しようという流れが強くなり，子育て支援センターなどママたちが悩みを相談し合える場が多くつくられ，出産すると「ママ友」という新たなコミュニティを持つことが当然のことになっています。こうしたコミュニティは，街のレストランなど多少身なりに気を使うような場所で集まることも少なくありません。日本は，集団の和を乱さず過ごせることが良しとされる文化です。「ママ友」コミュニティもまた然りです。「ママ友」には子育てに関する情報交換や悩み相談といった先述の支援性という役割期待はもちろんありますが，「ママ友」関係を持つということ自体がママとしてのステータスとなっているような気がします。子育てをしながらでもお洒落をして，お出かけもして，「ママ友」関係を維持できているとママとして充実し，ママとして認められているという感覚を持てるのではないでしょうか。

　つまり「ママ友」は，子どもを介したより良い子育てをするための仲間関係だけでなく，ママとして認め合うママのための仲間関係という側面も持っているように思えます。

◆◆引用文献◆◆

内閣府（2014）．平成25年度家族と地域における子育て意識調査
中山満子・池田曜子・東村知子・野村晴夫（2009）．ママ友関係における役割行動期待

―親密度・つきあい方との関連―　日本パーソナリティ心理学会大会発表論文集, 19, 226-227.
大嶽さと子（2014）.「ママ友」関係に関する研究の概観　名古屋女子大学紀要, 60（人・社）, 37-43.

5．今どきの若者の恋愛という関係

5-1．現在の若者の恋愛の現状と恋愛観

　まずは，現代の若者の異性との交際状況について見てましょう。青年のデート行動などを見てみるとデート，キス，性交といった行為の経験率は，2005年から2011年にかけて減少しています（青少年の性行動，2012：表2-3）。また，20～40代の未婚者に対して現在の恋人の有無について見てみると，現在恋人がいる人は26.5％，異性と付き合ったことはあるが，現在恋人がいない人は44.5％，今まで異性と付き合ったことのない人は28.9％となっています。他方，20代の男性に限っては，異性との交際経験がない人は41.6％（ブライダル総研，2014）というデータもあります。その中で，現在恋人がいない人を対象に，恋人が欲しいかどうか尋ねた質問に対しては，64.5％の人が恋人が欲しいと答えています。こうしてみると，最近の若者には，交際経験がない者が多いだけではなく，恋愛をしようとしない人もいるようです。新成人を対象にした調査によれば，調査対象600人中，今まで人を好きになったことがない人が19％（新成人意識調査，2015）いることもその表れでしょうか。

　今の日本では，女子会と言われる同性女子だけの集まりがみられますが，恋人はいなくても友人といる方がいいという考えや，恋愛関係でないとできないという，恋愛関係に特有の行動がなくなってきたということが背景にあるのか

表2-3．青少年の性行動経験率（％）

調査年		2005	2011		2005	2011
デート	高校男子	58.8	53.1	大学男子	80.2	77.1
	高校女子	62.2	57.7	大学女子	82.4	77.0
キス	高校男子	48.4	36.0	大学男子	73.7	65.6
	高校女子	52.2	40.0	大学女子	73.5	62.2
性交	高校男子	26.6	14.6	大学男子	63.0	53.7
	高校女子	30.3	22.5	大学女子	62.2	46.0

もしれません。**草食系男子**という言葉が流行語となり，2009年末にユーキャンの流行語大賞にノミネートされたことも，若者の恋愛観が変わってきたことの表れと言えそうです。

5-2．恋愛関係の進展プロセス

それでも恋愛は若者にとって大きなテーマであり続けています。では恋愛関係はどのように進んでいくのでしょうか。松井（2006）は，大学生の恋愛行動が段階的に進行することを明らかにしています（図2-3）。それによると，**大学生の恋愛行動**は，①開示行動，②共行動，③性行動，④葛藤行動の4種類に分けることができ，この4種類の行動が5つの**関係の進展**の段階を経て深まっていくようです。4種類の行動を詳しく見てみましょう。①開示行動では，「友人や勉強の話をする」「悩みを打ち明ける」「恋人として友人に紹介」というように，表面的な事柄から徐々に内面の深い事柄を相手に打ち明け，最終的には周囲に2人の関係を明らかにして行くことが示されています。恋愛関係においては，関係初期には互いを知ろうとし，互いの情報を伝達し合うことを通じて，互いの理解が深まることで関係も進展します。恋人としての関係が安定してくると，二人の関係を周囲へ伝えていき，周囲からいわば「あの二人はカップルだという"御墨付き"」をもらえるようになります。②共行動は，「仕事や勉強の手伝いをする」「一緒に買い物をする」といった一緒に何かをすることです。行動をともにすることは，時間を共有することでもあります。そうした経験を通じて一体感が芽生え，そうした気持ちがさらに関係を深めるのでしょう。③性行動は，「肩や身体に触れる」「性交をする」といった恋愛関係に特徴的な行動のことです。④葛藤行動は，「口喧嘩をする」「別れたいと思った」といった恋人との葛藤を示す行動のことです。恋人同士は非常に親密で，相手に多くを求めます。ですから，それが満たされないと葛藤が生じることもあります。そしてこの葛藤に対してどのように対処するかが，関係をさらに深めるのに重要になると思われます。葛藤をそのまま放置しておくと，恋愛関係の解消につながるかもしれません。葛藤を乗り越えることで互いが求めていることを認識し，相互理解が深まるかもしれません。このようにして4種類の恋愛行動を通じて恋愛関係は深まっていくことになります。

5．今どきの若者の恋愛という関係　73

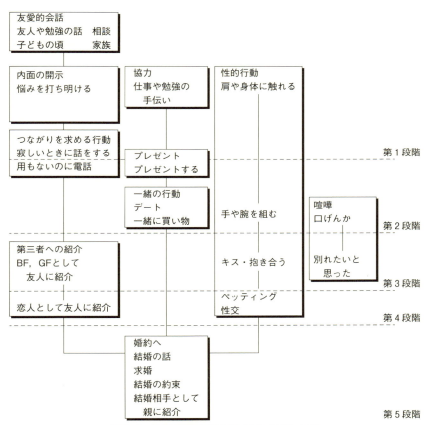

図2-3．恋愛の進展プロセス（松井（2006）より）

5-3．恋愛ポジティブ幻想と恋愛普及幻想

　ところで，クリスマスなどのイベントで街にカップルがあふれだすのを見ると，一人でいる自分が惨めに思えることがありますよね。こうした思いの背景には**恋愛ポジティブ幻想**があると考えられます。恋愛ポジティブ幻想というのは，恋人がいる人にはポジティブな特性があるとみなす信念のことです。ひょっとすると**恋愛普及幻想**も影響しているかもしれません。恋愛普及幻想とは，恋人がいる人の割合を実際の割合よりも多く見積もってしまう信念のこと

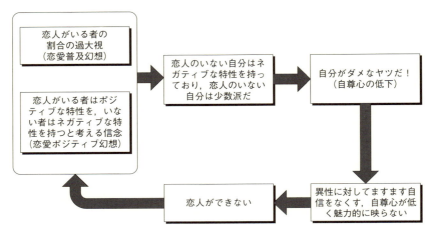

図2-4．恋愛ポジティブ幻想と恋愛普及幻想

を言います（若尾，2003）。恋愛ポジティブ幻想からは，恋人がいる人はポジティブな特性を持っている，しかし，自分には恋人がいない，だから自分はポジティブな特性を持っていない，その結果として自分に自信がなくなる，といった悪循環が起こりそうです。また恋愛普及幻想からは，多くの人には恋人がいるのに自分には恋人がいない，だから自分は少数派だ，その結果として自分に自信が持てない，とこれまた悪循環が起こりそうです（図2-4）。自信を持てないと，ますます異性に対して積極的になれないでしょう。このような幻想にとらわれず，正しい知識を身につけ，自分に自信をもつことが，恋愛の成就には必要なのかもしれません。

◆●◆引用文献◆●◆

日本性教育協会（2012）．青少年の性行動—わが国の中学生・高校生・大学生に関する第7回調査報告

ブライダル総研（2014）．恋愛関係調査2014 < http://bridal-souken.net >

第20回新成人意識調査（2015）．

松井 豊（2006）．恋愛の進展段階と時代的変化　齊藤 勇（編）　イラストレート恋愛心理学　誠信書房　pp.62-71．

若尾良徳（2003）．日本の若者にみられる2つの恋愛幻想—恋人のいる人の割合の誤った推測と恋人がいる人へのポジティブなイメージ　東京都立大学心理学研究, 13, 9-16．

6．人とのつながりと失恋

6-1．苦しい失恋

　失恋は辛い体験です。失恋のショックで，食事はのどを通らず，何も手につかず，沸き起こる苦しみを紛らわすために，夜中に走り出すこともあります。このように日常生活に支障をきたす経験が，失恋を経験したことがある人なら少なからずあるのではないでしょうか。栗林（2008）によると大学生の6～7割は，過去に失恋を経験しているということです。さらに，黒崎ら（2008）によると失恋によってこころの病にかかる場合もあるようです。

6-2．失恋のタイプ

　ところで失恋と一言にいっても，様々な種類があります。加藤（2006）は，失恋には2つあり，付き合った後に別れた失恋を「**離愛**」，実らなかった失恋を「**片思い**」としています。そのうえでさらに「離愛」を，自ら別れを告げた離愛，相手に別れを告げられた離愛，別れが明確でない離愛の3つに分類しています。自分から別れを告げた場合，別れて晴れ晴れした気持ちになるかもしれません。他方，別れを切り出したことで罪悪感を感じるかもしれません。しかし，別れを告げられた場合は，ショックで落ち込み，何も手につかず，なぜふられたのか悩み続け，なかなか立ち直れないかもしれません。

6-3．失恋後の心理的変化

　失恋後の心理的変化としては，肯定的変化と否定的変化が考えられます（表2-4）。宮下（1991）は，「失恋は辛い経験であるが，青年期にお互いの価値観や生き方に触れるような深い恋愛をした場合，これが失敗に終わってもその人のその後の人生にとってプラスに働くであろう」と述べています。では，どのような人が失恋後に肯定的変化または否定的変化を起こすのでしょうか。山

表 2-4. 失恋後の心理的変化

失恋後の 肯定的変化	今までよりも他の人の気持ちを考えられるようになった 良い人生経験になった 今までよりやさしい人間になれた 相手の気持ちや置かれている状況を考えるようになった 今までより自分の気持ちに正直になれた もっと自分を向上させたいと思った 現実（事実）に冷静に目を向けられるようになった 交際範囲が広くなり視野が広がった
失恋後の 否定的変化	もう恋愛をしたくないと思った もう人を好きになれないと思った 男性（女性）を信じられなくなった 自分に自信が持てなくなった

口（2007）は，失恋と自己受容の関連を検討しています。ここで**自己受容**とは，「自分に対して，それでよい・そのままでよいと感じる状態」（沢崎，1993）のことを言います。検討の結果，自己受容をしている人は，自己受容していない人よりも，失恋後，肯定的変化を感じやすく，否定的変化を感じていない傾向がみられました。

6-4．失恋からの立ち直り

さて，私たちはどのようにして失恋から立ち直っていくのでしょうか。加藤（2006）は，**失恋からの立ち直り**のために行われる行動を6つに分類しています。①「未練」は，別れたことを悔やんだり，別れた相手を思い続けること，②「敵意」は，別れた相手を恨んだり，別れた相手の悪口を言ったりすること，③「関係解消」は，別れた相手のことを積極的に忘れようとすること，④「肯定的解釈」は，別れたことを肯定的にとらえようと努力すること，⑤「置き換え」は，別の異性とデートしたりすること，⑥「気晴らし」は，スポーツや趣味に打ち込むことです。加藤（2006）はさらに，「敵意」と「関係解消」の2つを「失恋相手の拒絶」に，また「肯定的解釈」と「置き換え」と「気晴らし」の3つを「失恋からの回避」にまとめています。そして，失恋後に「未練」，「失恋相手の拒絶」を用いる人ほど，失恋の痛手からの回復期間が長くなり，「失恋の回避」を用いる人ほど，失恋の痛手からの回復期間が短いことを

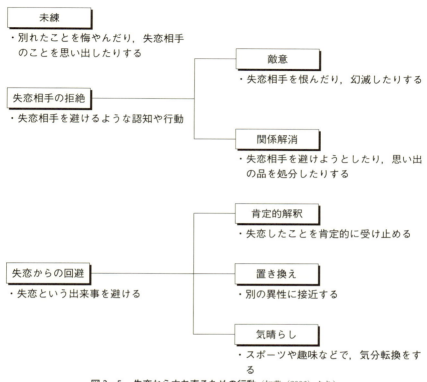

図2-5．失恋から立ち直るための行動（加藤（2006）より）

明らかにしています。

6-5．失恋の傷つきの時代差

また，加藤（2006）は，失恋からの回復について，20年前との比較を行っています。その結果，最近の若者は失恋してから1ヵ月で，多くの人が立ち直っていることが明らかになりました。これは恋愛の敷居が低くなって，別れても別の人をすぐに見つけられるからでしょうか。それとも，恋愛以外のことで失恋の痛手を解消できることが増えているからなのでしょうか。現在では恋愛経験率が低くなっていることからして，恋愛の敷居が低くなっているとは考えにくいのですが，恋愛が普及し，それにともなう失恋のショックへの対処法も昔

表2-5. 失恋からの立ち直りの期間 (加藤 (2006) より)

	深見・鹿野 (1985)			加藤 (2005)	
回復期間	男性	女性	回復期間	男性	女性
1ヵ月未満	8.2	0.0	1ヵ月以内	48.6	37.4
1〜4ヵ月未満	38.4	32.6	2〜4ヵ月以内	23.5	21.4
4〜10ヵ月未満	20.5	16.3	4〜10ヵ月未満	11.0	18.2
10ヵ月〜3年未満	26.0	44.2	10ヵ月〜3年未満	15.4	19.3
3年以上	6.9	6.9	3年以上	1.5	3.7

とは異なってきているのかもしれません。

◆◆引用文献◆◆

加藤　司 (2006). 失恋の心理　齊藤　勇 (編)　イラストレート恋愛心理学　誠信書房　pp.113-123.
栗林克匡 (2008). 恋を失う　加藤　司・谷口弘一 (編)　対人関係のダークサイド　北大路書房　pp.89-102.
黒崎充勇・増田幸枝・岡本百合・松山まり子・石原令子・岡田真紀・矢式寿子・杉原美由紀・内野悌司・磯部典子・品川由佳・二本松美里・横崎恭之・日山　亨・山手紫緒・川内桂子・吉原正治 (2008). キャンパスライフにおける対象喪失—失恋の行方を占うもの—　総合保健科学：広島大学保健管理センター研究論文集, 24, 1-8.
宮下一博・臼井永和・内藤みゆき (1991). 失恋経験が青年に及ぼす影響　千葉大学教育学部研究紀要, 39, 117-126.
沢崎達夫 (1993). 自己受容に関する研究 (1) —新しい自己受容測定尺度の青年期における信頼性と妥当性の検討—　カウンセリング研究, 26(1), 29-37.
山口　司 (2007). 失恋後の心理的変化に影響を及ぼす要因の検討—自己受容と失恋—　北星学園大学大学院社会福祉学研究科　北星学園大学大学院論文集, 10, 75-87.

7．人とのつながりは高齢者になると変わる？

7-1．高齢社会の現状—超高齢社会，日本

日本の高齢社会の特徴は，3Sと言われ，Scale（高齢化率が高い），Speed（短期間で高齢社会に突入した），Senior（後期高齢者の比率が高い）と言われています。

現在，日本の総人口は，平成25年（2013）10月1日現在，1億2,730万人となっていて，65歳以上の高齢者人口は，3,190万人で，総人口に占める割合は25.1%となっています。そのうち，後期高齢者（75歳以上）の人口に占める割合は，12.3%です（高齢社会白書，2013）。このような高齢者の増加は，高齢者自身の生活にどのような影響を与えるのでしょうか？

7-2．高齢者の「人」と「社会」とのつながり—高齢者観の変遷

高齢社会に影響を与えるものとして**高齢者観**があります。その時代の高齢者観は，その時代の高齢者への価値を決めるものです。

現在の日本の高齢者観は，やや否定的であると言えるでしょう。世界的に見ても類を見ない高齢社会で，経済的不況もあり不安定で非常に変化の激しい，先の見えない時代です。安定した社会では，経験が重要視され高齢者の地位が高くなりやすいのですが，変化の激しい近代社会では，柔軟性や順応力が重視され，過去の経験に価値を置かなくなりやすいのです。社会の近代化にともなって高齢者の地位は低下し，尊敬されなくなると言われます（**老化と近代化の理論**）。

また，個人も発達にともなって高齢者観が変化し，幼い時には肯定的であった高齢者観が青年期に最も否定的になり，その後に肯定的な方向に変化する傾向があります。また女性より男性で，学歴など社会経済的地位の高い人ほど，その高齢者観は否定的になりやすく，力動性や生産性についての評価が低くな

ります。さらに高齢者の「人」や「社会」とのつながり方も変わってきています。高齢期は，経済的喪失，健康の喪失，役割の喪失を経験すると言われています。それによって，高齢者は，人との，あるいは社会とのつながりが切れやすい世代になります。もちろん，完全につながりが切れることはないのですが，現代の日本で持たれている高齢者観からすれば，高齢者が生きにくい社会が形成されている可能性があります。例えば日本の就労制度は，高齢者観を顕著に表している1つだと思われます。日本の多くの会社では定年制をとっていて，長くとも65歳で定年退職を余儀なくされます。65歳を超えても働くことを希望する高齢者が50.4％もいるにもかかわらずです（高齢社会白書，2013）。

現状はどうでしょうか。高齢者の就業率を見てみると，男性では60～64歳で72.7％，65～69歳で49.0％となっています。女性では60～64歳で47.3％，65～69歳で29.8％となっています。平成25年（2013）の高齢者の雇用状況をみると，60～64歳の雇用者が459万人，65歳以上の雇用者が375万人で，65歳以上の雇用者は増加の傾向にあります。

日本では65歳から高齢者とされていますが，実際，多くの高齢者は65歳でも元気で，多くの高齢者が望ましい退職年齢を70歳以上と考えています（高齢者の生活と意識に関する国際比較調査，2011）。平成24年（2012）現在，日本人の平均寿命は，男性79.9歳，女性86.4歳となっていて，会社を定年退職した後，15年以上の社会生活を貯蓄や社会保障を活用し営むことになるのです。

定年退職・引退が幸福な老いに及ぼす影響を説明する理論として，**活動理論**と**離脱理論**があります。活動理論は，活動度が大きいほど生活満足度が高いと考えます。つまり，退職・引退は，それにともなう役割の喪失と活動度の低下が起き，生活満足度を低下させることになると考えます。一方で，離脱理論は，中年期から高齢期にかけて人の活動や能力が衰退するため，高齢者の社会的離脱は不可避的で普遍的な現象であると考えて，むしろ退職・引退は高齢者のwell-being（心理的幸福）を高めると考えています。いずれにしても，定年退職・引退というライフスタイルの変化は，高齢者に様々なつながりの変化をもたらすことになります。

7-3.「社会」とのつながり

高齢社会白書（2013）によると，高齢者の社会参加活動について，60歳以上の高齢者のうち，61.0%がなんらかのグループ活動に参加していることがわかります。その内訳としては，健康・スポーツ活動が33.7%，趣味活動が21.4%，地域行事活動が19.0%でした。また，高齢期の社会参加活動に備えて必要だと思うことについては，「一緒に活動する仲間を作ること」51.4%，「地域に知人を作ること」35.2%，「地域行事に参加すること」28.9%で，人とのつながりを重要視していることがわかります。グループ活動に参加してよかったことについては，「新しい友人を得ることが出来た」が，48.8%，「生活に充実感が出来た」が，46.0%，「健康や体力に自信がついた」が44.4%で，何らかの社会とのつながりを求めていることが示されています。さらに，高齢者の若い世代との交流の機会への参加意向についてみると，参加したいと考える人の割合は，平成25年（2013）で59.9%となっています。そして世代間交流を促進するために必要だと思うことは，「交流機会の設定」が31.7%，「高齢者が参加しやすくなるための交通機関の整備など」が28.9%でした。このように，高齢者は同世代だけではなく，若い世代との交流も求めていることが明らかになったことから，そのような機会を促す政策が今後期待されています。

7-4.「人」とのつながり─高齢者の友人関係

これまで，高齢者の生活上の適応に影響を与える要因として，身体的健康状態，家族関係などが注目されてきました。そして近年では，高齢者の生活上の適応で，友人関係は他の親密な関係とは異なる重要な機能を果たしていると指摘されています（丹野，2010）。確かに高齢者にとっては，配偶者や子どもといった家族が重要な**ソーシャル・サポート源**（様々な手助けを提供してくれる人）で，家族は**情緒的サポート**（気持ちのうえでの手助け）や手段的サポート（解決のための具体的な手助け）の両方を提供してくれています（浅川・古谷野・安藤・児玉，1999；西村・石橋・山田・古谷野，2000；野邊，2005）。しかし友人関係などの家族以外の他者も，高齢者には情緒的サポートを提供してくれる関係ととらえられていて，高齢者の生活を支える重要な位置を占めていることが明らかになっています。

例えば，前田（1999）によれば，高齢者の生活における手段的なサポートは家族関係が提供しているが，友人関係は情緒的サポートに属する「交流」という機能を通じて果たしているとのことです。また，藤田（1999）は，高齢者の人間関係に関する作文の内容分析から，高齢者の「現在，現実を支えている友人関係」は生きがいや生活のアクティブさに影響を与えていて，「過去の友人関係」は自尊心や自負心に影響を与えていることを明らかにしています。この結果について，藤田（1999）は，高齢者の過去の友人関係が，単なる思い出だけではなく，人生を振り返り，現在の適応に重要な影響を持っているとまとめています。

　高齢者の人付き合いの状況として，友人との会話頻度を調べている山岡・松永（2013）によれば，60歳以上の高齢者の会話の頻度（電話やメールを含む）は，毎日会話している者が9割を超えるものの，一人暮らし世帯では「2～3日に1回」以下の者も多く，男性の単身世帯で28.8％，女性の単身世帯で22.0％にとどまっています。また，近所付き合いの程度では，全体では，「親しく付き合っている」との回答が51.0％で最も多く，「あいさつをする程度」が43.9％，「付き合いがほとんどない」が5.1％ですが，一人暮らしの男性では，「親しく付き合っている」は36.0％，「付き合いがほとんどない」が17.4％でした。また一人暮らしの女性では，「親しく付き合っている」は60.9％，「付き合いがほとんどない」は6.6％でした。一人暮らしの男性の場合の親しく付き合う相手の少なさが気にかかるところです。

7-5．「人」と「社会」とのつながりが切れる時

　和気（2007）は，日本全国の高齢者のソーシャル・サポートを，1991年と2005年で比較しています。その結果，同居家族，別居子，兄弟姉妹・親戚，近隣，近隣以外の友人といったすべてのソーシャル・サポートがこの15年間で低減していることを明らかにしています。近年，高齢者の社会的孤立[1]が問題となっています。高齢夫婦の世帯や，高齢者単身世帯の数が増えていて，今後もますます増えることが見込まれているという状況のもとで，高齢者の社会的

---

[1] 社会的孤立の定義：「家族や地域社会との交流が客観的にみて著しく乏しい状態」（高齢社会白書，2010）

孤立は次のような問題を生み出すと考えられています。①生きがいの低下、②孤立死の増加、③高齢者による犯罪の増加、④消費契約のトラブルなどです。このような高齢者の社会的孤立を防ぐためには、高齢者とのつながりを保ち続けることが重要です。

高齢社会を幸福に過ごすためには、人とのつながりをいっそう豊かにする必要があるでしょう。そしてそのためには、既存の高齢者観に基づいた価値体系にとらわれない、新しい高齢者観に基づく価値体系を作り出していくことが求められています。

◆◆引用文献◆◆
浅川達人・古谷野 亘・安藤孝敏・児玉好信（1999）．高齢者の社会関係の構造と量　老年社会科学, 21, 329-338.
藤田綾子（1999）．高齢者の対人関係ネットワーク　高木　修・土田昭司（編著）対人行動の社会心理学　シリーズ 21世紀の社会心理学Ⅰ　北大路書房　pp.118-125.
前田尚子（1999）．非親族からのソーシャル・サポート　折茂　肇（編集代表）　新老年学　東京大学出版会　pp.1405-1415.
内閣府（2010）．平成22年度版高齢社会白書
内閣府（2014）．平成26年度版高齢社会白書
内閣府（2014）．総務省統計局人口推計
西村昌記・石橋智昭・山田ゆかり・古谷野　亘（2000）．高齢期における親しい関係；「交遊」「相談」「信頼」の対象としての他者の選択　老年社会科学, 22(3), 367-374.
野邊政雄（2005）．地方小都市に住む高齢女性の社会関係における階層的補完性　社会心理学研究, 21, 116-132.
丹野宏昭（2010）．高齢者のQOLに果たす友人関係機能の検討　対人社会心理学研究, 10, 125-129.
和気純子（2007）．高齢者をめぐるソーシャルサポートの動向と特性―全国調査（2005年）のデータ分析を通して―　人文学報社会福祉学, 23, 29-49
山岡もも・松永しのぶ（2013）．高齢者の友人関係―友人関係機能, 友人関係満足度と主観的幸福感との関連―　学苑・人間社会学部紀要, 868, 9-12.

8．今どきの親と子のつながり方

8-1．友達？　親子？

　親になるということは，同種のものを増やそうとする生物の本能的な行動の1つです。子孫繁栄のために，子どもが大人に成長し，親になれるように育てなければなりません。このように，成長する過程や人育ての仕方を伝えることが「子育て」には必要です。このため，親とは子どもにものを教える，立場が上の存在になるのでしょう。しかし，近年はこうした関係が変化してきています。

　「**友達親子**」という言葉を耳にするようになってから，20年余りが経過しました。今では，親が子どもと対等の立場になり，友達のように仲良くすることに良い印象を抱く人も多いでしょう。街で買い物をしていると，高校生くらいの娘が母と手をつないで買い物をしていたり，思春期の息子も母と2人きりで買い物を楽しんだりしている姿をしばしば見かけます。また，テレビや新聞では，中学生になっても親と入浴している子がいると取り上げられているのを時々目にします。正直なところ，筆者としては違和感を感じます。中高生は思春期であり，いわゆる「**反抗期**」にあたります。特に理由もなく親に腹が立ったりすると思うのですが，今時の思春期の子どもたちはそうした親に対する嫌悪感をあまり感じなくなってきているのでしょうか。むしろ，「友達」という対等な立場になることで，何かあった時に相談しやすいなど，近くにいて居心地の良い存在になっているように見えます。NHK（2012）の中高生対象の意識調査を見ても，父親が絶対的存在だった時代にみられていた，人生の先輩として世の中の厳しさを叱って伝えるような場面は，今ではほとんどなさそうです（図2-6参照）。普段は対等な「友達関係」で，必要時には親が上の立場に立って物事を教える「親子関係」に切り替える両立は可能なのでしょうか。

8-2. 子離れできない

「尾木ママ」こと尾木直樹さんは著書『親子共依存』の中で、「本来子どもが自立すべき領域にまで、親が『ケジメなく』密着し、子どもが親に対して心理的に大きく依存してしまっており、親もまた子どもに強く依存している。わが子の世話を焼くことに喜びや生きがいを覚えてしまう『親子共依存』の関係が発生しているのです」と述べています（尾木，2015）。「共依存」とは、アルコール依存症の本人とその家族の関係でよく聞かれる言葉であり、「弱い立場の人や困りごとを抱えた相手をサポートすることに自分の存在価値を感じることで徐々に相手に依存し、相手もサポートしてくれる人に依存していく」ということを繰り返し、人間関係にとらわれていく状態を言います。子どもが親に依存しているのは当たり前ですが、自分でできることが増えると親を頼ることも減っていくものです。しかし、近年は親が「子どもが失敗しないように、傷つかないように」と二歩も三歩も先に回って準備をしてしまうため、子どもは何も考えずに親が準備した道を進めば困らないという体験を積み重ね、親への依存度を強くしてしまうようです。親もまた、自分の言うことを素直に聞き、失敗せずに順調に進み「良い子」になっていくわが子を見ながら、自分の子育てに満足している、という事情のことを「尾木ママ」は述べているように思われます。こうなると、子どもがあまり悪いことをしないので叱る機会が少なくなるような気がします。また、失敗したことがない子を叱ると、こころに深い傷をつけてしまいかねないので、そのようなことは避けるようになるでしょう。親自身、子どもとの仲良し関係を壊したくないという思いから、子どもの言うことを聞く「物わかりの良すぎる親」になり、子離れができない状態に陥っていくようです。

この共依存関係がうまれた背景には、核家族化や少子化により、一人ひとりの子どもに丁寧に手をかける余裕ができたこと、国全体が経済的に豊かになり、便利なものやおもちゃが増え、あまり努力をせずに希望するものを獲得できる世の中になってきたことが影響していると考えられます。したがって、子どもにとっては今後ますます努力なしで自分の希望が叶いやすい社会になり、共依存関係が増加すると予測されます。厄介なのは、こうした関係性は自ら選び取っていくわけではなく、知らないうちにいつのまにかお互い離れることので

きない悪循環に陥っていく点です。この状態を打破して，なんとか親子が互いに自立を促し，友達関係と親子関係，それぞれの関係性の良いところをうまく利用できないものでしょうか。

8-3．今時の親子関係に足りないもの

親はいつまでも子どもと一緒にいられるわけではありません。何らかの事情がない限り，たいていは親の方が子どもよりも先にこの世を去ります。もし，共依存関係のまま親が亡くなってしまったら，子どもは自分で生きていくことができるでしょうか。恐らく困難ばかりで立ち止まってしまうでしょう。それでなくても，進路について子どもが自ら調べようとしない，大学の履修登録は親の方が熱心など，すでに弊害が起きているようです。高校や大学とは，本来子どもが自分のことに自分で責任を持って過ごす練習をする期間です。そのことをきちんと保障することが重要と思われます。

以前筆者が養育態度について研究した際（横張，2010），子どものしたいようにさせる「自律性」と，子どもを罰したりして言うことを聞かせようとする「統制」については，これらの養育を受けたと認知する子どもが，将来同様の養育を行おうと考えるという結果が得られました。子どもは，たいていが自分が受けた養育しか知らないので，親の真似をして子育てを行おうと考えるのかもしれません。自律性は子どもを信頼して尊重する態度ですが，強過ぎれば物わかりの良すぎる親となり，共依存に陥ることになります。統制は，過干渉につながりそうなネガティブな印象を受ける部分であり，それを真似しようとするということは，子どもが自分の経験を通して統制という関わり方が子育てには必要だと感じたということではないでしょうか。厳しいものでも自分には意味があるものであったととらえ直しているように思われます。この結果は，今時の子どもも親からの厳しい態度も必要なものとして認識し受け入れる力，つまり辛いことを乗り越えようとする力を持っていることを示していると考えられます。

人生は良いことばかりではありません。しかし，先に述べたように近年は叱られたりつまずいたりする機会が減り，些細な失敗にも耐えられない子どもが増えているような気がします。友達のように対等で距離が近くなり，あらゆる

―子どもとの関係―
第26問〔全員に〕あなたとお子さんの関係についてうかがいます。次の A～E のそれぞれについて，「そう思う」か「そうは思わない」か，あてはまる番号に○をつけてください。

		1.そう思う	2.そうは思わない	3.無回答
	(%)			
A．わたしは，子どもに対してきびしいほうだ	父親	29.5	70.0	0.5
	母親	33.7	65.9	0.4
B．わたしは，子どものことをよくわかっている	父親	29.5	70.0	0.5
	母親	55.1	44.4	0.5
C．わたしは，子どもの勉強や成績について，うるさく言うほうだ	父親	19.0	80.4	0.6
	母親	37.4	61.9	0.7
D．わたしは，子どもといろいろなことを話すほうだ	父親	49.4	50.2	0.4
	母親	81.7	17.7	0.6
E．わたしは，子どもに対して，やさしくあたたかいほうだ	父親	62.6	36.4	0.9
	母親	62.4	36.4	1.1

図2-6．中高生対象の意識調査より（NHK, 2012）

相談もしやすくなった今時の親子だからこそ，小さな失敗から話し合い，苦しみを乗り越える力を育てる関係を築くことができないでしょうか。

◆◆引用文献◆◆
NHK（2012）．中学生・高校生の意識調査
尾木直樹（2015）．親子共依存　ポプラ新書．
横張　梓（2010）．親の養育態度に対する認知が，自らの養育方針に及ぼす影響について―養育態度の世代間伝達のメカニズムに関する検討

9．人とのつながりに臆病になる

9-1．大人の人見知り

　「人見知り」というと，本来は6ヵ月頃から1歳頃の赤ちゃんが知らない人を警戒する態度を示す言葉ですが，現在では大人にも「人見知り」という言葉がよく使われます。普段何気ない時に，他人にどのように関わるか，頭を悩ませているのは筆者だけではないようです。

　特急や新幹線で窓側の席に座っていて，自分が降りる時，通路側で他の乗客がぐっすり眠っていたら，あなたはどうしますか？　その乗客に声をかけて，通るスペースを空けてもらわねばなりません。でも，筆者はこういうことが大の苦手です。そのため，降車駅のずいぶん手前から，いろいろなことを考えてしまいます。①この乗客は，自分が降りる前に降りてくれるだろうか。②降りないにしてもそろそろ目を覚ましてくれないだろうか。そして，自分が降りる駅に近づいても，その乗客に降りる（起きる）気配がないと憂うつになってきます。①声をかけた方がいいか，狭い隙間から強引に脱出する方がいいか，②乗客に声をかけてもなかなか目を覚まさなかったら，どうしようか，③声をかけて起こしてしまったら，嫌な顔をされはしまいか……。そんなことを考えているうちに降車駅が迫ってくるのです。

　こういった人見知り行動を，読者の皆さんは理解していただけるでしょうか。さらに，筆者が経験するような大人の人見知り行動は，赤ちゃんの人見知りと違って，知らない人に対してだけ起こるのではありません。見知っている人間に対しても起きるのです。

9-2．息子の人見知り

　料理をすることが週末の楽しみである筆者は，小学生の息子を連れてよく買い物に出かけます。近所のデパートやスーパーに足を運び，旬の食材や和洋菓

子などを探し求めます。そうすると，結構な確率で息子と同じ小学校の友達や知り合いと出くわします。彼らから息子に「よぉ」「やぁ」と親しげに声がかかり，息子もそれにこたえます。

　しかし，ある頃から，息子が買い物の最中に誰かから声がかかっても，時折気づかないふりをするようになりました。そんなある日のこと，この日も同じように，相手の呼びかけに気づかぬふりをした息子を見て，この日に限って無性に腹が立った筆者は，息子を大声で叱りました。息子は，よりによってこんなところ（食料品フロアへと向かうエスカレーターの上）で怒るなよ，という顔を向けてきましたが，当の筆者は，声を荒げてしまった周囲への恥ずかしさと，息子に対して申し訳ないような複雑な気持ちがわいてきていました。というのも，自分も子どもの頃に同じような振る舞いをして両親に注意されたことがふと思い出され，自分には叱る資格なんてないのだということに気がついたからです。また，仮にこの場で筆者が職場の同僚に出くわすようなことがあれば，同じように気づかないふりをしてしまうかもしれないとも思ったのでした。

9-3．何故，臆病になるか

　2つの例のような人見知り行動には，まずその人の性格的な面が影響します。対人関係にあまり自信のない人は，出会いに関係するような場面での不安が強く，対人行動が消極的になります。このような性格特性の1つに**シャイネス (shyness)** があります（Buss, 1991）。シャイネスが高い人は，自分が他者からどのように見られるかということを強く意識していて，相手に対する印象を自分でうまく操作できないと考えているようです。

　次に，発達段階との関連が考えられます。エリクソン（E. H. Erikson）をはじめ，多くの研究者が指摘しているように，思春期から青年期前期（おおむね中学生から大学生）にかけて，人は一生の中で最も**自意識**が強くなります。他者からどう見られているかがたえず気にかかり，そのことに神経質になります。このような時期には，人見知り行動がよりとられやすくなるでしょう。

　性格や発達的な面だけでなく，人見知り行動は，置かれている状況（相手や場面の特殊性）の影響も受けています。買い物中の息子の気持ちを推測するなら，親と一緒のところを友達に見られたことや，普段顔を合わせないような場

所で友達に出くわしたことによって，恥ずかしさや戸惑いが増したのかもしれません。また，毎日のように会っている相手と久しぶりに会う相手とでは，会った時に感じる気恥ずかしさの程度が全然違ったりします。

　次に，2つの人見知り行動の動機的な側面に注目してみましょう。どちらの例でも共通しているのは，なるべく相手と関わらずにその場を乗り切りたいという動機が働いている点です。そして，もう1つ共通していることは，こういう場面でうまく振る舞う自信がなく，そもそもどう振る舞うべきかよくわからない，すなわち**社会的スキル**が不足しているという点です。そのため，自分にとって都合の悪い展開ばかりが想像されて，対人行動をとることにますます消極的になってしまうのです。

9-4．つながること，一人でいること

　大学の学生食堂で「**ぼっち席**」（もしくは「**スピード席**」）と呼ばれる一人用の席が増えているのだそうです（2015.1.12．産経ニュース）。従来，6人程度が相席で利用していた大テーブルを，高さ約50センチの半透明のプラスチック板で仕切ったもので，対面の人の顔を見ずに，カウンターに座っているような状態で食事をとることができます（図2-7）。

　この席はもともと，一人で静かに食事をとりたい，一人でも食べやすい席があるといいといった学生や保護者からのニーズにこたえ設置されました。一人で食事をしていると，友達がいない，暗い，寂しそうなどと周囲に思われるのではないかと気にする学生もおり，そういう学生に配慮したことも導入の理由のようです。以前にも，一人で食事をする姿を見られたくないという理由でトイレの個室で食事を済ませる「**便所飯**」という事例が話題になりました。実際にトイレで食事をした経験がある人はそう多くないでしょうが，「一人でいること」が「孤独」や「寂しい，かわいそう」というイメージと結びつけて考えられやすいことは確かなようです。

　携帯電話・スマートフォンの登場，そしてtwitter，LINEをはじめとするコミュニケーション・ツールの普及によって，私たちはいつも誰かとつながっていられます。しかし，この便利な環境ができ上がったことによって，若者たちは，孤独な人とみられないように，誰かといつもつながっていることを確認

9．人とのつながりに臆病になる　91

図2-7．ある学生食堂の風景
(http://www.sankei.com/premium/news/150112/prm1501120011-n1.html より)

し合わなければならないような窮屈な世界の中に押し込められてもいます。誰かとつながっていられる道具を手に入れた今だからこそ，時には，つながりの束縛から自らを解き放つことも必要なのではないでしょうか。「ぼっち席（スピード席）」に座ることで，一人でいる状態が保証されるのではなく，一人で堂々と食事ができ，周囲がそれを自然なこととして受け入れられるような風土を築いていかなければならないように思います。

◆◆引用文献◆◆
Buss, A. H. (1986). *Social behavior and personality*. Hillsdale, NJ: Lawrence Erlbaum Associates. (大渕憲一（監訳）(1991)．対人行動とパーソナリティ　北大路書房).
産経ニュース (2015)．もう1人でも怖くない　大学公認"ぼっち席"学食に広がる
＜http://www.sankei.com/premium/news/150112/prm1501120011-n1.html＞

◆◆参考文献◆◆
人見知りが選ぶ「人見知りあるある」30選　(2014)
＜http://spotlight-media.jp/article/18130615584210736＞

10. 今，人を支援するとは

10-1．支援のひろがり

　東日本大震災とそれに引き続く福島の原発事故は，被災地への大きな支援のうねりを生じました。そしてそれは，支援を受ける人々にとっても，支援を思い立ち実行しようとする人々にとっても，支援の意味を問いながらの支援活動という側面を持っていたことと思います。被災地の方々の大変な状況が広く報道されると，それに呼応するように全国から支援の人々が集まってくるという現実は，実に心強く感じます。他方，これらの支援の活動が，支援を必要とし，また求めている方々のニーズとどううまく対応させていくかといった，なかなかに難しい側面を生み出しているということもあるでしょう。

　さらに，こうした大きな被災が生じた場合，ボランティアによる支援の側面と仕事としての支援の側面と，両方が複雑に絡み合うといったことが起きていると推察されます。

10-2．日常的な支援とソーシャル・サポート

　ここで日常的な**支援が行われるプロセス**を考えてみましょう。私たちは日常様々な課題に遭遇します。今日の晩御飯のおかずをどうするかといったものから，仕事上の分岐点ともなり得るような大きな課題まで，レベルも内容も多様です。例えば，食事のおかずであれば，特に誰かに相談しなくとも決められることが多いのではないでしょうか。他方会社の命運を左右するような大きな問題は，一人で決めるわけにはいかないでしょうし，衆知を集めて何度も話し合うことが必要となるでしょう。時にはその道の専門家からアドバイスを受けることが必要になることもあるのではないでしょうか。こうした状況を4つのパターンに分けてみます。

　①日常生活でよく起きる問題は，日常的に行ってきた**対処行動**によって解

決されます。

②日常的ではない問題として意識化された問題は，日常的対処行動では解決できないので，解決手段を探索することになります。その際周囲の人やもの（利用可能な**社会的資源**）に支援を求めることも出てきます。

③非日常的手段でも，利用可能な社会的資源の支援を受けても解決できない時には，専門家に支援を求めることにならざるをえないでしょう。場合によっては一人の専門家だけではなく専門家のネットワークも利用して解決を目指すことになるかもしれません。

④専門家の相当大きなネットワークによっても解決困難な場合もありえます。

　東日本大震災や原発事故のような大きな災害の場合は，多くのボランティアのみではなく，多くの専門家がその時々の必要な時点で専門性を生かした支援を行っていますが，問題の解決はまだ相当先でしょうし，そもそもこうした事態での「解決」とはどのようなことかということも問題になると思われます。

　さて，この4つのパターンの場合，①は支援を必要としないでも解決に至りうるような事態と考えられます。②と③は，利用可能な社会的資源や専門家の利用によって解決に至ることが可能な事態と考えられます。社会心理学で取り上げられてきた**ソーシャル・サポート**は，この事態での社会的資源の利用に該当すると考えられます。④は社会的資源や専門家を相当量投入して，ある程度の時間をかけて解決を探る必要があるような事態と考えられます。付け加えるまでもないことですが，①から④の事態は，概念上の区別であって，実際には同時に生じていることもあると思われます。そしてどの段階においても，支援を受ける人にとってどのような状態が「解決」と受け取られるのかが問われます。つまり支援は，支援を受ける人にとって役に立つから支援なのであり，そうでない場合「余計なおせっかい」になることもありうるということです。表2-6は，支援を受ける人と支援を提供する人の，支援の意図性と，支援のニーズの組み合わせによって，どのような結果が生じるかをまとめたものです。阿吽の呼吸で，ニーズと支援提供がうまく組みあっていたと思われる地域社会では，被支援者のニーズと支援提供者の意図のズレが起きにくかったのではないでしょうか。

表2-6. 支援を受ける人と提供する人の，支援の意味

支援者の意図性		被支援者のニーズ	
		支援を求める	支援を求めない
	意図的な支援の提供	・非専門的支援 ・専門的支援	・余計なお世話 ・かえって負担 ・迷惑
	意図的でない支援の提供	・助かった ・ありがたい ・申し訳ない	・助かった ・余計なお世話

10-3．支援活動は，多層的な支援に支えられている

　筆者は30年近くにわたって，「いのちの電話」というボランティア活動に関わってきました。「いのちの電話」は，日本では1971年に東京で始まった非専門家のボランティアによる電話相談です。現在では全国52ヵ所で電話を受けており，そのうちほぼ半分の24ヵ所では24時間年中無休で相談電話を受けています。このボランティア活動は，いわば「無期限」に続く活動です。スローガンとして「いつでも，だれでも，どこからでも」「ひとりぼっちで悩まずに」電話をかけてほしいとしています。2013年は約75万件の電話を受けています。いのちの電話は表2-6でいえば，求められている支援を意図的に提供する「非専門的支援」に相当します。いのちの電話の活動は相談員によるかけ手への支援です。しかし，この「無期限」の活動を続けていくには，その活動を支える組織や資金が必要となります。ボランティア活動とはいえ，すべてが無償ではありません。さらに相談員を育てるための，あるいは相談員がかけ手の話をよりよく聴くことができるための研修が欠かせません。そのためには専門家と非専門家の協力，相談に携わる者とその活動に賛同する者の協力といった，多様な支援が必要となります。あくまでいのちの電話の活動という一例を取り上げ，支援をする活動自体が支援に支えられていることを述べてみました。つまり，様々な支援活動は，さらに様々な支援の活動によって支えられているということになります。

10-4.「子どもの期待する治療者像」を通じて支援を考える

最後に村瀬（1998）が述べている「子どもの期待する治療者像」を取り上げてみたいと思います。

①馬鹿にしないで真剣に聞いてくれる人。

②受身的な優しさでなく，具体的示唆を様々に提示してくれる人。しかし提示した方向へ進むことを強要せず，考え，試す余地を与えてくれる人。

③言行一致の人。自分のうちの矛盾を素直に認めて，子どもを言葉で言いくるめようとしない人。

④ユーモアのセンスがある人。物事を様々な視点から眺められる人。一緒にいるとふっと緊張が解けて安心できる人

⑤言葉だけの指示・対応ではなく，時に一緒に行動してくれる人。

⑥待つことができる人。待ちながらところどころ子どもの気持ちを汲み取り，救い上げてくれる人。

この6点は，「子どもの期待する治療者像」として挙げられたものです。これを支援を提供する側として考えてみるとどうでしょうか。①真摯な態度，②アドバイスはあるが強要しない，③自分自身に対して率直，④ユーモア，⑤口だけでなく一緒にやってくれる，⑥待ってくれる。どれも，日常の支援の仕方として，大事なことのように思われます。支援を提供する側と支援を受ける側にとって支援とは何かを考える重要な手がかりのように思われます。

◆◆引用文献◆◆

村瀬嘉代子（1998）．心理療法のかんどころ―心傷ついた人々の傍らにあって　金剛出版．

第 3 章　人とのつながりと傷つき

1．現代人の生活とストレス［大盛久史］
2．人とのつながりと対象喪失［山口　司］
3．人とのつながりと「燃え尽き」［河原(玉浦)由紀］
4．人とのつながりと抑うつ［松村貴子］
5．親と子のつながりと虐待［渡邊洋平］
6．人とのつながりとこころの居場所［相澤知美］
7．他者との関わりと社会的ひきこもり［蔵本信比古］
8．デートDV（ドメスティック・ヴァイオレンス）と攻撃性［今川民雄］
9．電話でしかつながらない関係［青山琴美］
10．被災者と支援とのつながり［尾山とし子］

1. 現代人の生活とストレス

1-1. 私たちの日常生活とストレス

　内閣府による調査（2008）では，「あなたは日頃，ストレスを感じますか？」という問いに約6割の人が「ストレスを感じる」と回答し，ストレスの原因として「収入や家計に関すること」「仕事や勉強」「職場や学校の人間関係」などが上位に挙げられました。この「ストレス」という用語はもともと医学・心理学領域などの専門用語でしたが，今や一般の人が当たり前のように日常的に使うまで広まっています。ストレスという概念を最初に世に広めたのはカナダの生理学者セリエ（Selye, 1936）でした。セリエが対象としたのは生物全般ですが，その後研究は人に焦点が当てられます。セリエは私たちの身体に対して有害な刺激が加えられた時に身体の内部に起こる状態をストレス，ストレスを引き起こす有害な刺激を**ストレッサー**と呼びました。ストレッサーはストレスの源を意味し，ストレッサーによって生じる私たちの心理・行動・生理的反応を**ストレス反応**と言います。ストレスの状態が続くと，緊張や不安，怒り，気分の低下，思考力や意思決定能力の低下などが顕著となり，身体的には体温や血圧，血糖値の変化，副腎皮質の肥大，消化器症状，抵抗力の低下など様々な症状が出現します。このような状態が続くと，様々な身体疾患や適応障害，うつ病などの精神疾患につながりうることがわかっています（熊野，2013）。私たちにとってストレスは日常的な問題であり，いかに「ストレス」と付き合っていくかが生活において重要な課題となっていると言えるでしょう。

1-2. ストレスの個人差と心理的ストレスモデル

　このように日常的に多くの人が感じているストレスですが，次のような疑問も生じるのではないでしょうか？　同じようなストレッサーを体験しても，ストレスを強く感じる人もいれば，それほど感じない人もいるのは何故かという

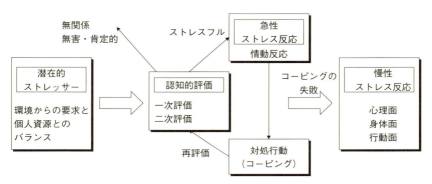

図3-1. 心理的ストレスモデル（島津，2006）

ことです。例えば、Aさんは人前でスピーチする際、緊張してガチガチになるのに、Bさんはそれを難なくこなすということがあると思います。この「ストレスの個人差」の問題については、「**心理的ストレス**」の理論が1つの回答を与えてくれます。「心理的ストレス」はラザラスとフォークマン（Lazarus & Folkman, 1984）によって提唱されたストレスモデルです。そのモデルによると彼らは出来事をどの程度「脅威的」「有害」「挑戦的」と認知（一次評価）するか、次いで「その状況に対して自分がどのような対処方法を持っており、うまく対処できそうか」ということについてどのような判断（二次評価）をするか、さらに実際にどのような**対処行動（コーピング）**を実施し、その結果どうなったかということに関する個人差がストレス反応の強さに影響すると指摘しました。つまり出来事をどのようにとらえ（**認知的評価**）、どのように対処したかという違いがストレスの個人差を生じさせると言うのです。

図3-1はラザラスとフォークマンの心理的ストレスモデルをベースに島津（2006）が図式化したものです。この図の**潜在的ストレッサー**とは心理的ストレスを引き起こす可能性のある外的刺激のことを言います。この刺激には「死別」「離婚」などの出来事や「職場の対人関係」など、ストレスを生み出すおそれのある様々な状況が含まれます。ただし、この時点で潜在的ストレッサーは心理的ストレスを引き起こすストレッサーの候補に過ぎず、潜在的ストレッサーが個人資源を上回り、「脅威的」「有害」と認知された場合に初めて心理的ストレスとなります。この個人資源とは個人のパーソナリティや考え方といっ

たものの中で，ストレッサーに対抗しうる資質を指します。ここでストレスフルと評価された場合，**急性ストレス反応**として，不安，怒りといった情動反応が生じ，それに対応すべく様々な対処行動がとられるというのが一連のストレス過程です。この過程の中で対処行動に失敗すると，**慢性的なストレス反応**が生じてくることになります。

　このストレス過程において，ストレスの個人差に関連するポイントは2つあると考えられます。まず潜在的ストレッサーが個人資源との兼ね合いを経て，ストレッサーの認知に影響を与える過程です。個人資源には様々なパーソナリティや考え方が含まれますが，その中でも楽観性，自尊心，自分のセルフコントロール能力に関する確信はこの認知過程に影響を与えることがわかっています（田中・戸田，1998；加藤，2001）。大盛（2004）は，個人の中に一貫して存在する「～しなければならない」「～すべきだ」といった命令・絶対的な考え方（認知的構え）が状況をよりストレスフルと認知する過程に影響を与えることを明らかにしています。

　次にどの対処行動をとるかというのが2つ目のポイントです。フォークマンら（Folkman & Lazarus, 1980）は対処行動は大きく分けると**問題焦点型対処**と**情動焦点型対処**の2つの次元に分類できるとしています。問題焦点型対処とは，「問題解決に向けて情報収集する」「具体的に行動する」などのようにストレスフルな状況そのものを解決しようとする具体的な対処行動です。一方，情動焦点型対処とは，「問題について考えるのをやめる」「問題の意味を考え直す」などのように，問題の直接的な解決ではなく，問題によって生じた情動の調整を目的とした対処行動です。コリンズら（Collins, Baum, & Singer, 1983）は，コントロール可能と評価された状況では，問題焦点型対処がストレス反応を低減するのに対して，コントロール不可能と評価された状況では，情動焦点型対処がストレスを低減することを明らかにしています。対処行動については様々な研究がなされ，他にも接近－回避対処，認知－行動対処などいくつかの基本次元が提唱されていますが，基本的には問題解決に対して積極的な対処行動を中心に，複数の対処行動を組み合わせることが，ストレス反応の低減には有効であることが示されています（島津，2002）。

1-3．多様化するストレス問題

　日常的なストレスはもちろんですが，特定の状況におけるストレスも私たちの健康生活に影響を与えうる問題です。災害，事故，犯罪などに遭遇した際に生じる**外傷後ストレス障害**（post-traumatic stress disorder: PTSD）や現代の家庭状況，高齢化といった社会的問題が大きく関連していると思われる「育児ストレス」「介護ストレス」といった問題は私たちの誰もが直面しうる問題です。また，現在「がん」は日本人の死因の第一位であり，約半数の人が生涯でがんに罹患するという状況になっています。医療の発展により治療が目覚ましく進歩している一方で，根治までは望めず「病や障害を抱えながら」生活する人が増えているのも現状です。病を抱えながらの生活は健康な人が想像するよりもストレスフルであることが想像されます。このような現状から医療の現場では，病を抱えながら生活している患者の心理・社会的支援をこれまで以上に重視しようとする動きが強まっています。

　このように私たちが生活の中で直面するストレス問題は多様化してきていることがわかります。私たちの日常生活は多様化するストレスと直面しながら，いかに適応していくべきかという課題と常に向き合っていると言えるかもしれません。

◆●引用文献◆●◆

Collins, D. L., Baum, A., & Singer, J. E. (1983). Coping with chronic stress at Three Mile Island ; Psychological and biochemical evidence. *Health Psychology*, 2, 149-166.
Folkman, S., & Lazarus, R. S. (1980). An analysis of coping in a middle-aged community sample. *Journal of Health and Social Behavior*, 21, 219-239.
加藤　司（2001）．対人ストレス過程の検証　教育心理学研究, 49, 295-304.
熊野宏昭（2013）．医学的視点からみたストレス研究の基礎と臨床　津田　彰・大矢幸弘・丹野義彦（編）　臨床ストレス心理学　東京大学出版会　pp.41-53.
Lazarus, R. S., & Folkman, S. (1984). *Stress, appraisal, and coping process*. New York : McGraw-Hill.
内閣府国民生活局（2009）．平成20年度国民生活白書　社団法人時事画報社．
大盛久史（2004）．対人ストレス状況における認知過程・対処行動が心理的ストレス反応に及ぼす影響について　北星学園大学大学院社会福祉研究科心理学専攻修士論文．
Selye, H. (1936). A syndrome produced by diverse noxious agents. *Nature*, 138, 32.
島津明人（2002）．心理学的ストレスモデルに関連する諸要因　小杉正太郎（編著）　ストレス心理学―個人差のプロセスとコーピング　川島書店　pp.31-58.

島津明人(2006). コーピングと健康　小杉正太郎（編）ストレスと健康の心理学　朝倉書店　pp.21-34.
田中豪一・戸田まり（1998）. ストレスと健康　三共出版.

2．人とのつながりと対象喪失

2-1．LOSS 社会

　現代日本社会は，失う（Loss）ということに対して敏感だと思われます。それは戦後の高度経済成長により豊かになった日本にとって，社会の転換期を迎えているからかもしれません。2013年放送 NHK 朝の連続テレビ小説『あまちゃん』の放送終了後に視聴者が覚える喪失感「あまロス」やフジテレビのお昼の長寿番組『笑っていいとも』の放送終了の喪失感「タモロス」など，今まで当たり前にあったものを失うことに対して喪失感を覚える人が話題になりました。人は生まれた時から，時間を喪失して生きているとも言えます。そして，喪失した時間は無駄なものではなく，喪失した分だけ，人を豊かにしてきたとも言えます。さらには，人は時間や物だけではなく，望むと望まずとにかかわらず，人とのつながりも喪失します。

2-2．対象喪失

　対象喪失とは，「愛情や依存の対象を，その死によって，あるいは生き別れによって失う体験」のことを指します（小此木，1979）。また，ハーヴェイ（Harvey, 2002）は，喪失について「人の資源において，重大な減少をともなう出来事」と述べています（Harvey, 2002／邦訳，2003）。さらにそれは死，離婚，トラウマを引き起こすような負傷，戦争，暴力，そして集団殺戮さえも含む概念だと述べています。人にとって喪失体験は避けることのできないものと言えましょう。喪失にともなう反応は，抑うつや悲しみなどの感情的反応，涙を流す，動揺するなどの行動的反応，食欲不振や睡眠不足などの生理・身体的反応があります。また，喪失が，「外的対象喪失」か「内的対象喪失」か，「強いられた喪失」か「自分が引き起こした喪失」か，「物質的な喪失」か「心理社会的な喪失」か，「予期された喪失」か，「突然起きた喪失」か，または，

「曖昧な喪失[1]」かによって喪失にともなう反応も異なることがわかっています。

そのような喪失の体験について，ボウルビィ（Bowlby, 1980）は，4つの過程を経て進んでいくとしています。①数時間から1週間持続する無感覚の段階，非常に強烈な苦悩や怒りの爆発に終わることもある，②失った人物を思慕し，捜し求めることが数ヵ月，時に数年続く段階，③混乱と絶望の段階，④様々な程度の再建の段階，です。

2-3．青年期の対象喪失としての失恋

ところで「愛情や依存の対象を，その死によって，あるいは生き別れによって失う体験」という意味では，恋人との関係性を失う失恋は，対象喪失の1つと言えます。栗林（2008）は大学生の6～7割が失恋を経験しているとしていますから，多くの青年が青年期に対象喪失を経験していると言ってもいいでしょう。さらに池内（2006）は，喪失対象との物理的な関係が終わっても心理的関係は簡単には終わらないと言っています。対象からとり残された人々の日々の考えや振る舞いに，喪失体験が何らかの影響を及ぼし続けることが考えられるでしょう。ハーヴェイら（Harvey, Flanary, & Morgan, 1986）も，重大な喪失は決して人々のこころから離れることなく，残された人の気分や心理状態に影響を与え続けると主張しています。

このような喪失の体験が心に影響を与え続けることを表す具体的な例として，**形見**を取り上げてみましょう。池内（2006）は，こうしたこころへの影響について形見（喪失対象との関係を象徴するような思い出の品）という視点から調査を行っています。その中で，形見を持ち続けている人が約70％に上ることを明らかにしています。そして，形見には2つの機能があって，第1は主に情緒的な安心を与えてくれる「情緒的機能」，第2は他者との結びつきの証となる「関係性の象徴的機能」です。こうした機能を通じて，形見は残された者のこ

---

[1] 曖昧な喪失とは，①身体的には不在でも，心理的には存在していると認知することによって経験される喪失（行方不明者，誘拐された子どもなど），②身体的には存在していても，心理的に不在だと認知されることによって経験される喪失（認知症や慢性精神病の人々，仕事人間など）のこと（Boss, 1999）。

ころの支えになることが示されました。しかし，その反面，形見は"奇跡への希望"を抱いている人にとって，回復をより困難にするといった負の働きを併せ持つことも示されていました。

2-4．新しい対象喪失論──継続された絆と二重過程モデル

　これまで，死別による喪失の場合，**グリーフワーク**が重要視されてきました。グリーフワークとは，「故人へのとらわれから解放され，故人のいない環境に再適応し，新しい関係を形成すること」を意味していて，故人との絆は最終的には放棄されることで，故人を失った悲しみから回復することができると考えられてきました。しかし，近年，このようなグリーフワークの考え方に疑問が投げかけられています。

　すでに取り上げたように，ハーヴェイら (1986) は，重大な喪失は決して人々のこころから離れることなく，残された人の気分や心理状態に影響を与え続ける，と主張しています。このような立場から最近では，喪失対象との絆は放棄されずに継続しているとの考え方が出てきました。残された人はこころの内で故人との継続的な関係を生きていて，そのこころには故人との「**継続する絆 (continuing bonds)**」が，認められるという報告もされています (Klass, Silverman, & Nickman, 1996)。しかし，喪失された対象との関係性は，決して以前と同じままではありません。継続された絆は対象との新たな絆となり，保持していくのだと考えられます。おそらくそうしたことによって，対象喪失の経験から立ち直るまではいかなくても，学校や仕事，家事など社会生活を営んでいくことが可能になるのではないでしょうか。

　こうした事情を説明しようというのが，シュトレーベとシュット (Stroebe & Schut, 1999) の二重プロセスモデル (図3-2) です。このモデルでは内的過程だけではなく，対人的・社会的側面にも注目しています。対象喪失を経験している人には**喪失志向プロセス**と**回復志向プロセス**の2つのプロセスが働いているのです。ここで喪失志向プロセスとは，喪失対象との関係や絆のプロセスであり，従来のグリーフワークに対応しています。他方，回復志向プロセスとは，喪失の結果として生じる二次的問題に焦点を当てたプロセスです。残された者にとって対処が必要となる問題は喪失体験だけではありません。対象喪

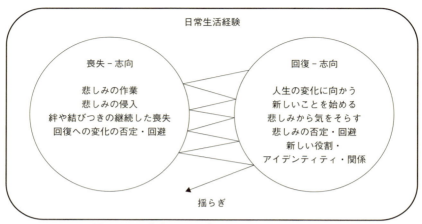

図3-2. 二重プロセスモデル（Stroebe & Schut, 1999）

失によって変化した毎日の生活をこなしていくことが求められるのです。そうしたプロセスを通じて，新たな役割や関係が見出されます。これらの2つの対処プロセスは「揺らぎ」によって結ばれています。人は一度に喪失志向と回復志向を同時に行うことができません。時に，喪失と向かい合い，時に，日常生活を行います。「揺らぎ」というのは，この2つの対処のプロセスの間を行ったり来たりしながら，時間の経過にともなって活動の重心が，喪失志向から回復志向へ移って行く経過のことになります。

　対象喪失は，誰もが避けて通ることのできない出来事と言えましょう。二重プロセスモデルは，重い喪失体験を経験しながらも，それでも日常生活の中で生きていくことを理解する手がかりを与えてくれているように思えます。

◆◆引用文献◆◆

Boss, P. (1999). *Ambiguous loss : Learning to live with unresolved grief.* Cambridge, MA : Harvard University Press.（南山浩二（訳）(2005).「さよなら」のない別れ 別れのない「さよなら」―あいまいな喪失― 学文社.）

Bowlby, J. (1980). *Attachment and Loss : Vol. 3, Sadness and depression.* New York: Basic Books.（黒田実郎・吉田恒子・横浜恵三子（編訳）(1981) 母子関係の理論Ⅲ 愛情喪失 岩崎学術出版社.）

Harvey, J. H. (2002). *Perspectives on loss and trauma : Assaults on the self.* Thousand Oaks, CA: Sage.（和田　実・増田匡裕（編訳）(2003) 喪失体験とトラウマ―喪失

心理学入門— 北大路書房.）

Harvey, J. H., Flanary, R., & Morgan, M. (1986). Vivid memories of vivid loves gone by. *Journal of Social and Personal Relationships*, 3, 359-373.

池内裕美（2006）．喪失対象との継続的関係—形見の心的機能の検討を通して— 関西大学　社会学部紀要, 37, 53-68.

Klass, D., Silverman, P. R., & Nickman, S. (1996). *Continuing bonds*. Washington, DC：Taylor & Francis.

栗林克匡（2008）．恋を失う　加藤　司・谷口弘一（編）　対人関係のダークサイド　北大路書房　pp.89-102.

小此木啓吾（1979）．対象喪失　中央公論新社.

Stroebe, M. S., & Schut, H. (1999). The dual process model of coping with bereavement：Rationale and description.　*Death Studies*, 23, 197-224.

3．人とのつながりと「燃え尽き」

3-1．はじめに

　「私が自分の異変に気付いたのは，高校へ入学してから1ヵ月たった頃のことでした。今までに経験したことのないその感覚に対し，最初は五月病かなと思っていたのですが，どうにも治らない。一体自分に何が生じているのか，何も分からないまま日に日に苦しくなっていきました」。

　これは突然生じた「自分がだめになってしまうような感覚」に陥る事態を経て，新たな一歩を踏み出した女性が私へ綴ってくれた手紙の一文です。その女性Aさんは私がスクールカウンセラーとして10数年前に出会った生徒でした。友人に付き添って相談室に訪れたAさん。保護者を通じて連絡があったのは彼女が卒業して数ヵ月経った初夏のことでした。憧れの高校に合格するためがむしゃらに努力し，順風満帆な高校生活を夢見ていた彼女にとって，そのような事態は一体どれほどのものだっただろう。想像するだけでもこころにずんと重たいものを感じます。当時，北海道で新たな活動を始めていた私はその重みと同時に，一体何が起こったのだろう，何ができるのだろう，様々な思いをざわざわさせていたことを覚えています。

3-2．自分がだめになってしまうような感覚

　この「自分がだめになってしまうような感覚」はAさんだけの特有なものではなく，私が日々出会う生徒や教職員の方々から語られる感覚と似ているように感じています。それは「なじめない」「～のはずなのに」「～すべきなのに」といったような言葉です。彼らにとって，そのきっかけは思い描いていたものではない，「予期していなかった想像以下の結果や状況」なのかもしれません。彼らは自分の属する集団に対して「できていない」と感じ，その結果や状況に対して他ではない自分に「だめ」出ししてしまう。たとえるならば，張

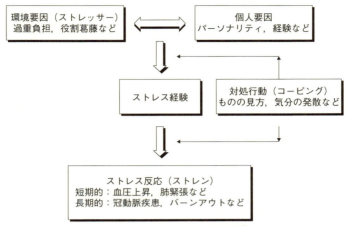

図3-3　バーンアウトの因果図式

り切って出発したドライブ。予想外の天候や道路状況，次々に生じるアクシデントとでも言えるでしょうか。多くのみなさんは「ついてない」と諦めるのかもしれません。しかし彼らは自分が「だめ」だからと戒め奮い立たせ，休みもとらず，助けも呼ばず（帰宅することも思い浮かばずに）目的地まで走り続けようとするのです。

3-3．「燃え尽き」ということ

彼らは心身ともに疲労困憊し，もう一歩も動けない。端から見れば「燃え尽きた」ように見えるかもしれません。久保（2004）はその「**燃え尽き（バーンアウト）**」が，環境や個人など様々な要因によって生じるストレス，その時間経過の先に起こりうることを示し（図3-3），その定義を「仕事を通じて，情緒的に力を尽くし，消耗してしまった状態」と説明しています。ヒューマンサービス従事者に発症するとされるこの「燃え尽き」。私はこの複雑な現代を生きる子ども達の中にも似たような事態が生じているように感じています。

3-4．自分がわからない

夏の終わりのこと。中学校の相談室に休み明けから登校できなくなってしまった1年生Bさんが母親と一緒に来室してくれました。Bさんは成績優秀

で，運動部に所属し，児童会長を務めたほどのリーダーシップの持ち主。担任教諭にとっては「何故あの子が，まさか」の状況のようでした。私が出会ったBさんは睡眠不足，食欲不振，笑っていいのか，泣いていいのか，怒っていいのかもわからなくなってしまい，途方に暮れている，そんな印象でした。週に1回の面談の中で彼女は家でも学校でも「みんなに喜んでもらえるよう気を張り，頑張り続けていたこと」「相手の気持ちの裏の裏を読んでしまい，人を信じることが怖くなってしまったこと」「自分自身が一体何をしたいのか，どう感じているのか判断できなくなってしまったこと」などをゆっくりゆっくり語りました。母親から，進学による生活環境の変化に加え，家庭内でも急激な変化が短期間で次々と生じていたことをうかがい，中学生の彼女ができうる以上に努力してしまった結果，「燃え尽き」のような事態に陥ったのかもしれない。そう感じました。

3-5．本当は一人じゃないはず

　様々な生活環境の変化や責務の多さ，そういった要因の重なりが「ちゃんと」「きちんと」必要以上に努力しようとする彼らのしんどさを生み出し，自分も気づかないうちに「燃え尽き」，ふとすべてが停止してしまう。周りから見れば，なんだか最近笑顔がないな。顔色が悪いな。その程度の変化でしかないのかもしれません。しかし彼らはただひたすら一心に燃料が尽きるその時まで必死に頑に燃やし続けようとしています。楽しみだって感じられていた日々がいつの間にか，作業のように「こなす」日々になっていく。それでも「ちゃんと」「きちんと」努力しつづけようとする。「ちゃんと」「きちんと」はとても大事なことです。でも，孤軍奮闘するのではなく，そこに「誰かと」「みんなで」がプラスできていたら。自分が「しんどく」て「苦しい」「助けてほしい」と誰かに打ち明けることができていたら。自分自身を見失うこともなかったのではないか。「孤立化」それが彼らの「燃え尽き」をより生じやすくさせているのではないか。そう思うのです。

3-6．なかなか打ち明けられない

　秋休み明けの高校でのこと。40代後半の男性教諭Cさんは「ホームルーム

が怖いです」「正直，担任を続けていく自信がありません」と涙ながらに語られました。以前，お会いした時とは別人のような様相に衝撃を覚えつつも，お話をうかがいました。春になりクラス替えで心機一転，2学年担任として頑張ってきたのだが，どうもうまくいかない。今までこうだ，と思っていたことがなかなか通じず，生徒との関係も悪化していく一方。自分が頑張れば頑張るほど空回り，体調不良や家族との関係悪化なども加わり，どんどん悪い状況になってしまっている気がする，というものでした。私はようやっと告白してくれた彼に感謝をし，その頑張りをねぎらい，まずは「ゆっくり休める（眠れる）」ことを一緒に考えましょうとお伝えしました。

3-7．終わりに

　冒頭のお手紙でAさんは次のように綴られています。「私は，環境と人に救われました」。彼女はサポート校と呼ばれる学校に編入し，そこで新たな一歩を踏み出しました。「私は沢山の人に色んな影響を与えてもらいました。そして，気持ちを吐き出すことがこんなにも楽になれるのだということも学びました。ただ，吐き出せる相手は人によって違うのだと思います。私は，周りの人に恵まれていたし，信頼する相手がいてくれたからこそ今があるのだと思います」。手紙にある「気持ちを吐き出す」という言葉に私は何かヒントのようなものを感じてなりません。「伝える」「聴いてもらう」ではなく，「吐き出す」。その言葉のイメージ。もしかしたら彼らは自分の気持ちや認識を自分の中から「出す」ことに対しての抵抗感，罪悪感（「だめ」と感じてしまう気持ち）が強い人たちなのかもしれない。だからこそ，なかなか簡単には周りに助けを「つながり」を求められないのかもしれない。そんな風に感じたりもするのです（文中の手紙は本人の了承のもと使用しております）。

◆◆引用文献◆◆
久保真人（2004）．バーン・アウトの心理学　燃え尽き症候群とは　サイエンス社．

◆◆参考文献◆◆
土居健郎（監修）　宗像恒次・稲岡文昭・高橋　徹・川野雅資（著）（1988）燃え尽き症候群—医師・看護師・教師のメンタルヘルス—　金剛出版．

4．人とのつながりと抑うつ

4-1．人とのつながりと育児

　40歳の私は1歳児の母です。我が子は特に問題もなく生まれましたが，その育児に悪戦苦闘しております。悪戦苦闘は，子どもがまだ小さくいろいろと手がかかる大変さよりも，むしろ**孤独**です。孤独とは一人でいる状態を指しますが，ここでは一人でする育児の孤独のことで，その孤独から背負わされる緊迫感や責任感は日々の緊張感や苛立ち，すなわち**ストレス**につながっています。今では核家族が普通なため，多くのママたちは夫が仕事で留守の間，家で会話の成立しない子ども相手に責任の重圧と緊張の中，日々過ごすわけです。子育て支援センターなどを活用することもできますが，時間に合わせて出向くのもなかなか骨の折れる作業なのです。

　80歳になる私の母の言うことなのですが，「昔はね，近所に必ずお節介焼きがいたからね，今みたくあれもこれも全部母親が一人でやんなきゃなんないってことがなかったから楽だったよね。近所付き合いも今とは違って，ちょっと子ども預けて買い物行けたし，何かすることないかい？　って声かけ合うもんだったし，おかず持ってきたり，世間話したりさ。だからこそ面倒なこともあったけど，ずいぶん助けられてたと思うよね」などの話を聞くと，数十年前は子育ても今とは違い，母親だけではなく，同居の祖父母や何人もの世話焼きご近所さんという他人が関わってなしえてきたことなのだろうと羨ましく思ったりもします。

　ごく自然にでき上がっていた身近な人や他人，地域とのつながりが次第に希薄になり，その解消のために参加すれば輪が保てるかもといった箱ものができています。しかし，出向いて参加する意欲が保てなくなった時には，容易に孤独感にのまれていくという構図が浮かんできます。育児ノイローゼ，産後うつ病などよく聞かれますが，育児や家事をしながら敢えて出向き参加しなければ

人とのつながりを保ちにくく、孤独に陥りやすい世の中になってきたのは確かだと考えます。

4-2. 抑うつと完全主義

ところで、孤独に陥りやすい育児中の母親の心の状態を考えてみると、**抑うつ**という言葉が浮かんできます。抑うつの定義について見てみると「抑うつとは、気分が落ち込んで活動を嫌っている状況であり、そのため当人の思考、行動、感情、幸福感に影響が出ている状況のこと（Wikipedia, 2014）」とありました。その抑うつ状態が2週間以上続くことを**うつ病**と言うようです。厚生労働省が実施している患者調査によれば、日本のうつ病患者数は平成8年には43.3万人だったものが平成20年には104.1万人と、10年余りで2.5倍近く増加しています（厚生労働省，2011）。また、警察庁の発表によると、平成21年の自殺者数は32,845人であり、平成10年以降、年間自殺者数が3万人を超え、その中にはうつ病患者も多いということで、うつ病の早期発見、早期治療の国をあげての取り組みもみられるようになりました（厚生労働省，2010）。

自殺にはうつ病だけではなく多くの要因が関連しておりますが、中でも、無職者、独居者、生活保護受給者等は自殺のリスクが高いことがわかっています。生活困窮や孤独というキーワードが頭をよぎります。

さて、抑うつに陥りやすい人の思考の特徴として表3-1に示すようないくつかのものがあると言われています。

表3-1. 抑うつにおける体系的な推論の誤り (Beck et al., 1979)

恣意的推論：証拠もないのにネガティブな結論をひきだすこと
選択的注目：最も明らかなものには目もくれず、些細なネガティブなことだけを重視すること
過度の一般化：わずかな経験から広範囲のことを恣意的に結論すること
拡大解釈と過小評価：ものごとの重要性や意義の評価を誤ること
個人化：自分に関係のないネガティブな出来事を自分に関係づけて考えること
完全主義的・二分法的思考：ものごとの白黒をつけないと気がすまないこと

しかしながら、一般的にうつ病になりやすい人のタイプって？ と聞かれれば、「優しい人」「完璧主義とか**完全主義**」という応えが浮かんできます。そこで、今回は完全主義を少し掘り下げ簡単に説明しようと思います。過度に完全

性を求めることを完全主義と言い，これまでに，多くの研究から完全主義は抑うつとプラスの相関を持つことが確認されています。桜井・大谷（1997）は，完全主義を構成する特徴の１つである自己志向的完全主義を取り上げ，それは４つの側面を持つと考え，抑うつおよび絶望感との関係を調べています。４つの側面とは，①完全でありたいという欲求（DP），②自分に高い目標を課する傾向（PS），③失敗を過度に気にする傾向（CM），④自分の行動にいつも漠然とした疑いをもつ傾向（D）です。調査の結果，PS は，その傾向が高いほど抑うつや絶望感に陥りにくく，健康と親和的な側面と言えることを明らかにしました。他方，CM が高いと抑うつや絶望感に陥りやすく，不健康と関連するという結果を得ています。自己志向的完全主義に含まれる特徴でも，内容によって抑うつとは異なった関係があるということになります。

4-3．人とのつながりと仕事

　再び私の母親の話を持ち出します。私の母は戦後，物のない時代をたくましく生き抜いてきた人です。そんな母は，「昔はね，勉強なんかできなくても間に合ったんだよ。今だと，勉強ができないと行くとこがないんだもの。便利な世の中も困ったもんなんだ。勉強できないのに，何年もただ学校に行かなきゃならないのは不憫なことだよ。昔は，食べるのに困ったし働かないとなんないから，上の人に怒鳴られたり叩かれたりしながらも何とかやれる仕事覚えてね」と，言います。つまり，第一次産業に多くの人手が必要だったころは，単純作業の繰り返しでできる労働がすぐ身近にありました。様々な事情で高校や大学へ進学できなかった人々が，失敗を繰り返しながらも生活し得たということです。そして，関わり合い方も今とは違い，怒鳴ったり叩く人もいれば，フォローしてくれたり褒めてくれる人など様々な人々がいたのです。

　以前は特に男性においては，対人コミュニケーションよりも何かしらの課題を達成することが重要でありました。現代社会では，筆者自身の研究結果（小枝，2012）からも，課題達成よりも対人コミュニケーションに関することへ重要性がシフトしていることが示唆され，さらに対人コミュニケーションから抑うつへの影響性が，直接的にも，間接的にも高いことがわかりました。女性だけではなく男性においても，少々仕事はできなくても人づき合いが上手でコミ

ニュケーションを円滑に保てる方が，現代社会への適応は良好であると言えるのかもしれません。

4-4．おわりに

　核家族で育ち，同世代と親との関わり以外は持ちにくくなってしまった現代では，悩み困った時，失敗した時の相談相手がいないのも不思議なことではないでしょう。現代社会のストレスの多くは対人関係問題であると言われており，小さな問題のうちに解消してしまうことができず，小さな火種を一人で抱えているうちに大きくなってしまう，または，大きな問題にならないと露出できない状況にあるのかもしれません。数十年前までは自然にあっただろうたくさんの他人の目，他人とのつながりは，様々な変化に気づき，声をかけ，小さな問題を小さなまま解消し，失敗に臆することなく挑戦する後押し，育つ者にとっての自然に漂う見守り，自己肯定感にもつながったかと思います。それらが希薄な現代にもかかわらず対人コミニュケーションが重要視されるというパラドクスにおいて，現代社会は抑うつに陥りやすい構造になっているのかもしれません。

◆◆引用文献◆◆

Beck, A. T., Ruch, A. J., Shaw, B. F.,& Emery, G. (1979). *Cognitive therapy of depression*. New York：Guilford.（坂野雄二（監訳）（1992）　神村栄一・清水里美・前田基成（共訳）うつ病の認知療法　岩崎学術出版社.）
小枝貴子（2012）．推論スタイルの尺度構成の試みと抑うつモデルの検討　北星学園大学大学院社会福祉学研究科　北星学園大学大学院論集, 第3号（通巻第15号），88-107.
厚生労働省（2010）．政策リポート（自殺・うつ病等対策プロジェクトチームとりまとめについて）
厚生労働省（2011）．精神疾患のデータ.
桜井茂男・大谷佳子（1997）．"自己に求める完全主義"と抑うつ傾向および絶望感との関係　心理学研究, 68(3), 179-186.
Wikipedia（2014）．抑うつ

5．親と子のつながりと虐待

5-1．親と子のつながりと愛着

　胎内において母と子は"繋がり"を持っています。臍帯を通して母から子へ命をつなぐ，まさに母子が一体になっている状態です。そして時がたち胎内から生まれ出ると，母子は一時的につながりを失ってしまいます。我が子に出会い喜びあふれる瞬間でありながら，つながりの感覚が失われる瞬間でもあります。もしかしたらそこにはわずかな寂しさがあるかもしれません。でも"繋がり"はそこで途切れることなく，むしろより強い新たな"繋がり"が生まれます。

　生後間もない子は母を求め，その子に母は愛おしさを感じます。そんな母子での愛情に満たされたやりとりが次第にこころのつながりを強め，何時しかそのつながりは「愛着」と呼ばれるものとなります。そしてその愛着はだんだんと母だけではなく，自分を育ててくれる父親や周りの大人へと広がっていきます。

　これをボウルビィ（Bowlby, 1969）は**愛着理論**として，その著書『愛着と喪失』の中で始めて世に送り出しました。つまり母と子の間には非常に強いこころのつながりである愛着が形成され，安定した愛着を得た子どもは大きな安心感を保ちながら，すくすくと健全に成長していくのです。

　愛着の形成はすでに子どもが胎内にいるときから始まっています。これから生まれる我が子への思いを折り重ねて，やがて強い愛着を築いた母と子は，そのまま愛情にあふれた日々を過ごしていくのでしょうか。残念ながらそんなに簡単な話では終われないのが虐待という問題です。

5-2．児童虐待と2本のロープ

　わが国で**虐待**が社会問題として注目され始めたのは1970年代です。時代は高

5．親と子のつながりと虐待

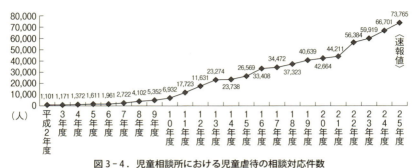

図3-4．児童相談所における児童虐待の相談対応件数
（厚生労働省「児童虐待防止対策について」平成26年8月29日版より抜粋）

度経済成長期に入り，我が国は発展の途をたどって行きます。しかし経済の成長に逆行するように子どもの数は減り始めます。そしてある時から子どもが減るのに虐待の通告件数は延々と増え続ける不思議な事態が起こります。虐待通告件数は常に増加を続け，平成25年度に全国の児童相談所が児童虐待相談として対応した件数は過去最多を更新する73,765件と報告されました（図3-4）。（厚生労働省，平成26年8月現在）。ただし，これはあくまで通告の件数ですから，虐待自体が昔よりも増えたということにはなりません。一昔前でいうげんこつも今では体罰，ともすれば虐待と言われることもありますし，虐待という言葉も広く世間の知るところとなった分，通告につながっていることもあるでしょう。しかし少なくともつらく悲しい思いをしている子どもたちが今現在多数存在しているということは紛れもない事実なのです。冒頭でも触れたとおり，親子は温かいこころのつながりを持つはずです。しかしそのつながりを親自らが断ってしまう「虐待」が後を絶たないのが大きな問題なのです。

　かつて虐待を受けた男の子に尋ねたことがあります。彼は母親と二人で暮らしながら，とてもつらい毎日を送っていました。そんな生活の中でも何故母親から離れようとしなかったのかと聞くと，彼はひとこと「だって，たった一人の僕のお母さんだから」と言いました。虐待によって親は子どもとのつながりを断とうとしますが，子どもはどれほど厳しいやり方でそのつながりを断たれようとも多くの場合は親を慕い続けます。それは他の動物と同じように盲目的に目の前にいる親を慕う生物学的な理由からなのでしょうか。きっとそれよりもこころのつながりの方が大きな理由になっているのでしょう。

親子のこころのつながりは1本ではなく，親から伸びたロープと子どもから伸びたロープの2本でつながっているイメージが浮かびます。2本のロープは，まるで太い綱のように縒り合って，さらに強さを増したつながりとなります。2本あるからこそ，完全に切れてしまうことなく，最後に親子は温かいつながりを取り戻せるのでしょう。

5-3．虐待によって失われるもの

　虐待は子どもが成長し大人になって幸せに生きていくうえで一番大切なものを奪ってしまいます。ボウルビィは「自己信頼と，それを促進する諸条件」（Bowlby, 1979／邦訳，1981）の中で，子どもの頃に親との間で安定した愛着関係を築けないと，将来子どもが人と良い関係を築く時に大きな悪影響を与えるとしています。さらに西沢（1999）は**トラウマ**（心的外傷）の観点から，虐待を受けた子どもは，繰り返されるつらい体験によって特殊なトラウマを抱えてしまい，そのトラウマは感情やこころの安定に大きな影響を及ぼすこと，そして幼い頃の虐待経験を新たに出会った人との間で同じように繰り返してしまい，再び虐待を受けていた時と同じ環境の中に陥ってしまうと述べています。そして「虐待を受ける自己，虐待する他者，そして両者の間に展開される虐待的な人間関係というイメージは，子どもが経験をどのように解釈し理解するかに影響し，その結果，子どもの対人関係のあり方に非常に重大な影響を与える」と述べて，虐待によって，子どもが将来において新たに出会った人々との間に温かい信頼を持ったつながりをつくることができなくなることを指摘しています。

　さらにタイチャー（Teicher, 2002）は『児童虐待が脳に残す傷』の中で，幼い頃に経験した虐待が脳の構造や機能に消せない傷を刻みつけてしまうと述べています。これまで虐待による傷つきはこころの問題で，適切な治療をすればやり直しができると考えられてきました。彼はこれを"ソフトウエア"の問題と呼びました。つまり治療さえすれば再プログラムできると考えられてきたと述べています。そうではなく虐待とは"ハードウエア"に傷をつけてしまう行為であり，脳の発達に取り返しのつかない，やり直しのきかない傷をつけると述べています。さらにタイチャーは様々な研究結果から，例えば感情や記憶，

興奮や抑うつに関わる脳の部位が虐待によって発達せずに幾分か小さくなるために人との関わりが難しくなると述べています。これはとても残念な話です。やり直しがきかないなんて聞くと，とても悲しい気持ちになります。

5-4．虐待の傷は回復するのか

　ひとたび虐待を受けてしまうと，そのまま回復することなく，人とのつながりを持てない大人になってしまうのでしょうか。確かにこれまで虐待はこころや脳に大きな傷をつけ，その後の成長に悪い影響を与えると述べてきました。それでも筆者は"繋がり"は何度断たれてもまたつくり上げることができるものだと信じています。そのために日々の中で，できるだけ早く私たちの側から再びつながりをつくる営みを始め，そして絶え間なく続けることが必要なのだと思います。

　流れの早い川の中で，一人の子どもが「たった一人の親だから」という非常に細いロープだけを握って今にも流されそうになっています。子どもが諦めてその手を放してしまえば，そのまま流されてしまうでしょう。しかしもう一度親の側から，さらにたくさんの人々が，その子にロープを投げれば流されずにすむのです。そしていつかきっとたくさんの"ロープ＝つながり"が彼を岸まで導くでしょう。簡単にはいかないし，握ったロープを引く私たちにも強い力が必要です。それでも私たちは彼らにロープを投げて「さあ早くつかまって！」と言い続けるのです。そのロープを信じて力強く握りしめた彼らに再び笑顔が戻ることを祈って。

◆◆引用文献◆◆

Bowlby, J. (1969). *Attachment and loss. Vol. 1. Attachment.* New York: Basic Books.
Bowlby, J. (1979). *The making and breaking of affectional bonds.* London: Tavistock.（作田　勉（監訳）(1981)．ボウルビイ母子関係入門　星和書店.）
西沢　哲（1999）．トラウマの臨床心理学　金剛出版.
Teicher, M. H. (2002). Scars that won't heal : The neurobiology of child abuse. *Scientific American,* **286**(3), 70.（日経サイエンス編集部（編）(2013)．児童虐待が脳に残す傷　別冊日経サイエンス，**193**．日経サイエンス社.）

6．人とのつながりとこころの居場所

6-1．普段過ごす場所で感じる居心地

　人には，日常生活において過ごす場所の中で，居心地が良く，または悪く感じられる場所があります。住み慣れた家や自分の部屋では居心地が良く感じている人が多いと思います。特に自分の部屋では誰に気を遣うでもなく，好きなことができるので，リラックスできるのではないでしょうか。しかし，生活を送るうえで居心地のよいところだけで生活をすることはできません。学校や職場，習いごと，飲み会の場などでは，相手に気を遣ったり，緊張したり，落ち着かなかったり，つまらなく感じることがあると思います。逆に，気心の知れた人と過ごす場所では，安心できたり，ありのままの自分でいられると感じることがあると思います。

　このように，人は日常生活での様々な場所で，様々な気持ちを感じています。自分の部屋や気心が知れた家族などと過ごす場所，学校や職場，友人や仲間と過ごす場所では，それぞれ感じるもの（居場所感）が違うのです。具体的な例で考えてみましょう。

6-2．大学生AさんとBさんの居場所感

　Aさんは，一人暮らしをしている大学生で，アルバイトをしています。普段過ごす場所は，自分の部屋・実家・大学・アルバイト先・飲み会の場です。Aさんは，自分の部屋でお昼までゆっくり寝たり，好きなゲームをして遊ぶ時間が至福の時です。実家に帰り，母と笑いながら日々の出来事を話しているとあっという間に夕方になります。母には就職や恋愛の相談をすることもあります。大学では，課題が多くて大変だけれども友人たちとテレビの話で盛り上がったり，欲しい資料が見つからずに困った時は友人が助けてくれます。アルバイト先では，想像していた就職活動に直結するような経験はできませんが，

みんな優しい人ばかりです。Aさんは，何かをする時に不安を持つことは少ないですし，いらいらすることも少なく，夜もよく眠れます。また，困った時に助けてくれる人がいる，自分の問題について話せる人がいると知っていますし，人は理解し合えると思っています。そして，自分と同じ考えや感じを持っている人は多いと思っています。

　次に，Bさんの話です。BさんもAさんと同じ一人暮らしをしている大学生で，普段過ごす場所も同じです。Bさんは，自分の部屋でコーヒーを飲みながら読書をする時が一番リラックスできます。実家では，少し気難しい父を怒らせないようにしなければいけません。大学では，大人数でいることが多く，時間や会話に気を遣ったり，会話に入れずにつまらないと思うことがあったりします。アルバイト先では，なかなか仕事が覚えられず，上司や先輩の前で頻繁に緊張します。Bさんは，何かをする時にうまくいかないのではないかと不安に思ったり，しばしば不機嫌になったり，寝つきが悪かったりします。また，いつでも楽しく時間を過ごせる人がいるとは思えなかったり，自分の考えをわかってくれないと感じるなど，人は理解し合えないと思っています。そして，自分の問題は最後は自分で解決しなくてはならないと思っています。

　二人は過ごす場所の種類は同じですが，そこで感じている気持ちや心身の状態，考えていることは異なります。この例から，同じような場所であっても，人によってかなり居心地に違いがありそうです。

6-3．人が居る場所とこころの居場所感

　ところで，みなさんは「居場所」と聞くとどのようなイメージを持ちますか？　まずは文字のとおり「居る場所」を思い浮かべると思います。自分の部屋，家，学校（あるいは職場），習い事の場，友人の部屋，飲み会の場，恋人と過ごす場所など……その時自分が"居る"場所が居場所ということになります。その他に，何を思い浮かべますか？　安心して居られる場所というイメージも，持つのではないでしょうか。文部省（当時）（1992）は，「学校は，教師と児童生徒が人間愛で結ばれ，児童生徒にとっての自己の存在感を実感でき，精神的に安心していることのできる場所，『心の居場所』としての役割を果たす」とし，「心の居場所」という言葉を使いました。

一人だけの空間や他の人と居る場所で，人は様々な気持ちを感じています。そこで，「普段過ごしている場所で感じる気持ち」を「**心理的居場所感**（次からはこころの居場所感と書きます）」と表現することにします。そのように定義している筆者（小川，2010）の研究では「こころの居場所感」を測るものさしを作りました。そこで，「こころの居場所感は，**居心地の良さ**（安心できるか，楽しいか，ありのままでいられるか，気を使わないかなど）の程度で表される」ことがわかりました。

6-4. こころの居場所感に影響すること

さて，筆者（小川，2010）は，図3-5にあるように，こころの居場所感は**ストレス反応，ソーシャル・サポート**と関係があると指摘しています。これは，どのような場所で過ごしているか，あるいは過ごせる場所を多く持っているかどうかは影響せず，"その場所に居心地の良さをどの程度感じているのか" ということがポイントです。

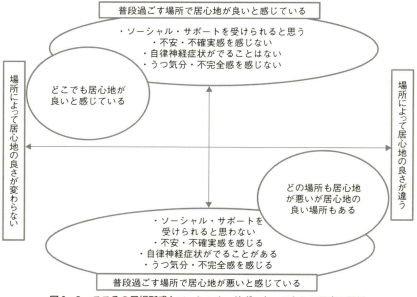

図3-5．こころの居場所感とソーシャル・サポート，ストレス反応の関係

ではストレス反応がどのように居場所感に影響しているのかについて説明しましょう。皆さんも緊張や不安を感じていると，夜眠れなかったり，イライラしやすかったりすると聞いたことがあると思います。体験したことのある人もいるのではないでしょうか。このような心身の不調を「ストレス反応」と言います。これは，近年よく耳にするうつ病や心身症とも関係しています。先に述べたAさんとBさんに目を向けると，普段過ごしている場所で居心地の良さを感じているAさんは，不安をあまり持たず，感情の起伏も少なく，夜も眠れます。他方Bさんは，自分の部屋以外では必ずしも居心地が良いわけではなさそうです。普段過ごしている様々な場所での居心地の良さは，それぞれにストレス反応がどの程度引き起こされるかに影響されることになります。

また，気持ちをわかってもらえることや，困った時に助けてくれることを「ソーシャル・サポート」と言います。ソーシャル・サポートは「その人（サポートを受ける人）の健康維持・増進に重大な役割を果たす（久田，1987）」ことが知られています。様々な場所でソーシャル・サポートを得られると知っているAさんと，多くの場所でソーシャル・サポートが得られないと感じているBさん。居場所での居心地の良さとソーシャル・サポートを受けられると思えているかどうかは関係しているのです。

6-5. 居場所の変化と居場所感の変化

約60年前の日本では，普段過ごす場所の数も今ほど多くなく，その数やその種類の変化が生じにくい環境にいる人が多かったと思います。しかし，第二次世界大戦後の産業構造の変化や核家族化などによる環境の変化は，普段過ごす場所を変え，多様にしました。その結果，私たちは身を置く場所における居場所感の変化を感じるようになり，それぞれの場所で感じる気持ちに敏感になってきたと思われます。ストレス社会に身を置く私たちは，普段過ごしている場所で感じる気持ちが，心身の反応，周りからの助けを得られると思えるかどうかということに左右されることを，感じとるようになってきたのではないでしょうか。

◆◆**引用文献**◆◆

久田　満（1987）．ソーシャル・サポート研究の動向と今後の課題　看護研究, 20, 170-179.

文部省中学校課（1992）．登校拒否（不登校）問題について─児童・生徒の「心の居場所」づくりを目指して─（学校不適応対策調査協力者会議の最終報告）　教育委員会月報, 44, 25-29.

小川知美（2010）．大学生における心理的居場所感尺度作成の試み　北星学園大学大学院社会福祉研究科心理学専攻修士論文．

◆◆**参考文献**◆◆

今津芳恵・村上正人・小林　恵・松野俊夫・椎原康史・石原慶子・城　佳子・児玉昌久（2006）．Public Health Research Foundation ストレスチェックリスト・ショートフォームの作成─信頼性・妥当性の検討─　心身医学, 46(4), 301-308.

南　隆男・稲葉昭英・浦　光博（1988）．「ソーシャル・サポート」研究の活性化にむけて─若干の資料─　哲学, 85, 151-184.

中島喜代子・廣出　円・小長井明美（2007）．「居場所」概念の検討　三重大学教育学部研究紀要（社会科学）, 58, 77-97.

7. 他者との関わりと社会的ひきこもり

7-1. 社会的ひきこもり

あなたの周りには近隣の人との関わりを避け，家からほとんど出ないで生活をしていると感じられる人はいませんか？ こうした人の存在が関心を集めるようになってから，かなり経ちます。それらの人々の状態は**社会的ひきこもり**（斎藤，1998）あるいは単にひきこもりと呼ばれています。こうした状況にある人々について調査するため，「地域保健におけるひきこもりの対応ガイドライン」（伊藤，2004）では，より具体的な社会的ひきこもりの人々の範囲として，①自宅を中心とした生活，②就学・就労といった社会参加活動ができない・していないもの，③以上の状態が6ヵ月以上続いている，の3つが挙げられています。また，「ひきこもりの評価・支援に関するガイドライン」（齊藤，2010）では，社会的ひきこもりには精神障害，発達障害，思春期心性などの様々な要因が関連しているとしています。しかし，そうした要因を持つ人がすべてひきこもり状態になるわけではありません。**他者との関わりにおいて何らかの困難を抱えている**というのが，ひきこもりの人たちに共通している部分と言えます。

7-2. ひきこもりの人とソーシャルスキル

他者との関わりが起きるためには，他者と関わりたいというこころの動きが生まれることが前提となります。ひきこもりの人の場合，それがうまく働いていないのかもしれません。このことを明らかにするために，筆者はひきこもりの人のご家族はじめ多くの方のご協力により調査を行い，ひきこもりのご本人59名と，大学生352名から回答を得ることができました（蔵本，2015）。まず，**ソーシャルスキル**（関わりの開始や維持，相手のことを理解したり自分のことを伝えるなどの対人関係の技術）について両者を比較したところ，ひきこもり

の人は全般的に得点が低い傾向にありました。やはり、ひきこもりの人はソーシャルスキルを効果的に使用できていないようです。しかし、世の中には、話し上手も口べたも、それを自認しながら暮らしている人はたくさんいます。関わりのスキル不足だけで、年余にわたるひきこもりの状態に至るとは考えられません。

7-3. コミュニケーションに向けた動機づけ

他者との関わりは、実際にはコミュニケーションの形をとりますが、ひきこもりの人のコミュニケーションに向けたこころの動きはどのようなものなのでしょうか。このコミュニケーションに向けたこころの動きを**動機づけ**と言い、これは「べつに（関わろうと思わない）」「言われたから（関わる）」「気になるから（関わる）」「自分のためだから（関わる）」「楽しいから（関わる）」といったこころの動きの間を行き来すると考えられています。今回の結果を見ると、ひきこもりの人はコミュニケーションに「楽しみ」を求める部分が少なめであると言えます（図3-6）。しかし、「楽しいから」という動機づけが弱めであるからといって、他者との関わりそのものをとらなくなってしまうことはないでしょう。他の部分にはいずれも両者の違いが見られなかったことから、ひきこもりの人が他者に向けるこころの動きは、大学生をはじめとする一般の

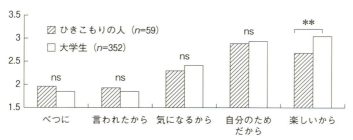

図3-6. コミュニケーションに向けた動機づけの比較
（動機づけに関する自己決定理論の研究（岡田, 2005ほか）では、動機づけの調整（regulation）機能として、「無調整」「外的調整」「取り入れ的調整」「同一視的調整」「内的調整」を設定しています。ここでは簡便のため、それぞれ「べつに」「言われたから」「気になるから」「自分のためだから」「楽しいから」と言い換えています）
**$p < .01$

人の場合とさほど変わりはなさそうです。コミュニケーションに向けた動機づけは，多くの人に共通する基本的なこころの動きと言えるでしょう。

7-4. 動機づけの移行

ひきこもりの人のコミュニケーションに向けた動機づけの内部の関係を見てみました。一般に，これらの動機づけは隣接した項目同士の相関が高いと考えられています。隣同士は，互いに行き来しやすいわけです。今回の調査でも，大学生ではすべての隣接する項目間に高い相関が見られました。しかし，ひきこもりの人の場合は，一部に異なっているところがありました。たしかに「言われたから」以降の各項目間では隣接した項目同士の関連が高く，比較的行き来が容易だろう考えられます。一方で，コミュニケーションの最初の段階である「べつに」から，すぐ次の段階である「言われたから」との間のつながりは，極めて弱いものでした（図3-7）。ひきこもりの人は，コミュニケーションの「最初のひと転がり」のところで，つまずく可能性が高いと言えるのです。ここがまさに，ひきこもりの人の社会参加の困難につながる部分なのかもしれません。

7-5. ひきこもり支援とアウトリーチ

私たちは今自分が行っているコミュニケーションをどのように始めたのかを意識することはありません。それほどコミュニケーションとは，当たり前の出来事であり，そのこと自体はひきこもりの人であってもまったく変わりません。でもひきこもりの人には，ふだん多くの人が意識することのないコミュニケーションの「最初のひと転がり」のところで，それを作り出す困難な作業が求め

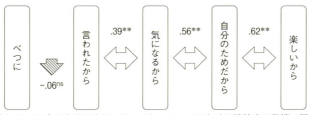

図3-7. ひきこもりの人のコミュニケーションにおける隣接する動機の関連
（数字は相関係数：互いの関連の強さを表します）　**$p<.01$

られています。この部分こそが，ひきこもり支援において当事者以外の第三者による様々なレベルでの**アウトリーチ**（田中，2014）が求められるところなのです。社会的ひきこもりについて考える時，いつも「私たちはどうして他者と関わろうとするのだろうか」という根源的な問いかけに立ち戻る思いがします。

◆◆引用文献◆◆

伊藤順一郎（監修）(2004)．地域保健におけるひきこもりの対応ガイドライン　じほう．
蔵本信比古（2015)．「ひきこもりの人のソーシャルスキルとコミュニケーションに向けた動機づけ」　日本教育心理学会第57回総会発表論文集，720．
岡田　涼（2005)．「友人関係への動機づけ尺度の作成および妥当性・信頼性の検討：自己決定理論の枠組みから」　パーソナリティ研究, 14(1), 101-112.
齊藤万比古（研究代表者）(2010)．「ひきこもりの評価・支援に関するガイドライン」：厚生労働科学研究費補助金こころの健康科学研究事業「思春期のひきこもりをもたらす精神科疾患の実態把握と精神医学的治療・援助システムの構築に関する研究　厚生労働省．
〈http://www.ncgmkohnodai.go.jp/pdf/jidouseishin/22ncgm_hikikomori.pdf〉
斎藤　環（1998)．社会的ひきこもり　PHP選書．
田中　敦（2014)．苦労を分かち合い希望を見出すひきこもり支援：ひきこもり経験値を活かすピア・サポート」　学苑社．

8．デート DV（ドメスティック・ヴァイオレンス）と攻撃性

8-1．恋愛関係の発展とデート DV

　松井（1990）は，恋愛行動の発展がどのような段階を経ていくかについて，具体的な行動を取り上げてモデルを示しています（図3-8）。松井による**恋愛行動の発展段階モデル**の2006年バージョンは，本書の「第2章5．今どきの若者と恋愛関係」ですでに引用されています。図3-8は25年前に作られた最初のモデルではありますが，現在でも若者の恋愛関係は，このモデルのような段階を経て深まっていくことが「第2章の5．」でも説明されています。その中のある行動に注目してみました。最初のモデルでは，「喧嘩」というカテゴリーの第5段階で「殴った・殴られた」という行動が取り上げられていることです。この研究が行われた当時はまだ「**デート DV**」は注目されていませんでしたので，「殴った・殴られた」をデート DV と結び付けて考えることはなされていませんでした。しかし今，当初のモデルを見ると，「殴った・殴られた」の中に「デート DV」が含まれていると考えることは，さほど突飛な想像ではないように思われます。そしてさらに興味深いのは，これが**恋愛進展段階の第5段階**，つまり「婚約」や「性交」が行われる段階で生じるようになるとされていることです。

8-2．デート DV とは

　デート DV とはどのような行為を指すのでしょうか。艮・小堀（2013）はデート DV を「交際中の若者（「親密な関係」にある，または別れた恋人も含む）の間で起こる支配/被支配関係をいう」としています。つまり，親密な関係において生じる暴力の背景として，実はその関係が支配/被支配関係に他ならないことを指摘していると考えられます。さらに赤澤・竹内（2015）は「デート DV という名称からデート中に生起する行動と勘違いされやすいが，

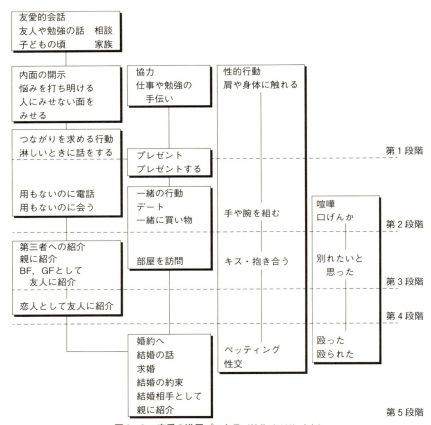

図 3-8. 恋愛の進展プロセス（松井（1990）より）

恋愛関係全般において生起する暴力のことを指す」と注意を促しています。表 3-2 に艮・小堀（2013）が示した 5 種類の暴力の具体的な内容を表示しました。「殴る」「蹴る」「暴力的な性行為をする」といった身体的暴力だけでなく，「大声でどなる」「何を言っても無視する」「借りたお金を返さない」「無理にポルノビデオを見せる」「避妊に協力しない」「家族や友人の付き合いについて制限」するなどの行為はデート DV に含まれていると理解することが大切と思われます。と言うのも，一般にはデート DV についての理解は高いとは言えないからです。艮・小堀（2013）の大学生を対象とした調査では，「初めて聞

8．デートDV（ドメスティック・ヴァイオレンス）と攻撃性　131

表3-2．DV，デートDVにおける暴力の種類（艮・小堀（2013）より）

身体的暴力	殴る　蹴る　平手でうつ　首を絞める 包丁を突きつける　物を投げつける　髪を引っ張る やけどをさせる　階段から突き落とす けがをしているのに病院に行かせない　など
精神的暴力	大声で怒鳴る　「何でも従え」と言う 何を言っても無視する　人前で侮辱する 大事なものを捨てる　外出を禁止する 交友関係を制限したり　電話の内容をチェックしたりする 「別れたら自殺する」と脅す　など
経済的暴力	生活費を渡さない　家計を細かく監視する 洋服などを買わせない　借金を負わせる 借りたお金を返さない　外で働くことを妨害する 収入や預金を勝手に使う　など
性的暴力	無理にポルノビデオを見せる 暴力的な性行為をする　避妊に協力しない 意思に反した性行為の強要　中絶の強要 性行為に応じないと不機嫌になる　など
社会的暴力	人間関係や行動などに対して無視をしたり制限をしたりする 家族や友人の付き合いについて制限をして相手を独占しようとする　など

いた」という回答が55％と過半数を占め，「知っている」17％と「説明できる」6％を合わせても23％に過ぎませんでした。

8-3．デートDVの現状

　では，実際にデートDVはどのくらい起きているのでしょうか．内閣府（2015）は2011年から「男女間における暴力に関する調査」を行っています．この調査では，**配偶者間のDVと交際相手との間のDV**について調べています．2014年の調査結果によると，デートDV（"身体的暴行""心理的攻撃""経済的圧迫""性的強要"）の被害経験者は，男性の10.6％，女性では19.1％を占めています．被害経験者のうち，女性の60.1％，男性の42.0％は何らかの相談をしていますが，女性の4割，男性の6割近くが相談をしていないという現状があります．既婚者の場合のDV経験の割合が，女性23.7％，男性16.6％であるのと比較するとやや少なくはなっていますが，女性の5人に1人

がデート DV を経験しているという現状を直視する必要があります。

8-4．デート DV を引き起こす要因

　デート DV が配偶者間の DV と異なる点について取り上げてみましょう。富安・鈴井（2008）は，まずデート DV が **DV 防止法**（配偶者からの暴力の防止及び被害者の保護に関する法律）の保護の対象とならないという点を指摘しています。また高校生カップルでは，相談相手が見つからず DV が長期化することもあるとも述べています。とはいえ，今のところデート DV を引き起こしやすい被害者や加害者の特徴について，はっきりした傾向は見出されていないと言っていいと思います。自己愛傾向や愛着のスタイルといったパーソナリティの特徴や，ジェンダー観，恋愛観，性に対する態度といった態度や考え方の特徴，相手との関係の在り方や自らの親子関係など，影響しそうな様々な特徴の検討が少しずつなされています。しかし，まったく無関係というわけでもありませんが，これが決め手だという特徴も見つからないというところが現状でしょうか。おそらくは心理的な特徴から原因を探るというやり方が，必ずしも役に立つわけではないのかもしれません。デート DV は，交際相手がいるかいないかが価値を持つようになっている若者の社会的背景と，支配/被支配関係が DV を媒介として実現されてしまうような，現代日本社会の状況とのはざまに生まれている現象のよう思えてなりません。

◆◆引用文献◆◆

赤澤順子・竹内友里（2015）．デート DV における暴力の構造について―頻度とダメージとの観点から　福山大学人間文化学部紀要, 15, 51-72.

松井　豊（1990）．青年の恋愛行動の構造　心理学評論, 33(3), 355-370.

内閣府（2015）．男女間における暴力に関する調査　平成26年度調査概要.

富安俊子・鈴井江三子（2008）．ドメスティック・バイオレンスとデート DV の相違および支援体制の課題　川崎医療福祉学会誌, 18, 65-74.

艮　香織・小堀尋香（2013）．デート DV の現状と課題：大学生を対象とした調査から　宇都宮大学教育学部紀要, 第1部, 63, 211-219.

9．電話でしかつながらない関係

9-1．誰かとつながるための選択肢

　誰かに自分の思っていることを話したいと思った時，どんな手段を思い浮かべますか？　話す相手には誰を選ぶでしょうか？　電話やSNSが普及する以前は，「話す」というと「顔見知りの相手に面と向かって」という形しかありませんでしたが，本書でこれまで述べられているとおりコミュニケーションの手段が多様化している現代社会においては様々な形があることでしょう。自分自身のニーズに合わせて手段を選択できる自由さ・便利さがある一方で，誰かに話したいと思った時に，自分の思いを伝える相手の選び方，相手への伝え方がわからずにいる人も少なくないのかもしれません。ここでは，そうした多様化するコミュニケーションの選択肢の中で戸惑う人々のこころについて，"話を聴く相手"として発展してきた**電話相談を通して**考えてみたいと思います。

9-2．電話相談の特徴

　今川（2005）は，電話相談の特徴について「道具としての電話の特徴」と「相談の道具として電話を用いる場合に顕になる特徴」の2つに分けてまとめています。前者は電話自体の性質によって備わっている特徴で，「音のみのコミュニケーション」，同時に互いにやりとりを行う「同時双方向性」，いつでも相談ができる「随時性」，相談をしようと思った時にすぐに相談ができる「即時性」，どこからでも相談ができる「超地理性」等があります。後者は相談の手段として利用する際にさらに表面化する特徴で，「**匿名性**」，相談したい人が相談したい時に電話をし，切りたい時に切ることもできる「**かけ手主導性**」，相談は継続ではなくつながったその時限りで行われる「**一回性**」，やりとりの中で親密性が感じられたとしてもそれはあくまで擬似的・仮想的であるという「**擬似親密性**」，匿名であるがゆえに起こる「**電話依存・性的作話などの発生**」

等があります。

　以上に述べた特徴は、**面接との違い**でもあり、電話相談の手軽さやかけ手主導の立場はそれまで面接にまで至らなかった人々を相談につなぐことを可能にしました。

　電話相談が今日に至るまで広まっていることを考えると、電話を通してしかつながらない関係も今の社会には数多く存在するということがうかがえます。電話相談で繰り広げられる人間関係はどのようなものなのでしょうか。

9-3. 匿名性・一回性がもたらす気軽さ

　電話相談には氏名を名乗らなくてよいものが多く、自分がどこの誰であるかを電話の相手に知られずに話ができます。インターネット上の掲示板等にも共通して言えますが、顔の見えない相手には、良くも悪くも自分の思ったことや知り合いにはなかなか言えないことを率直に言えるところがあります。これは相手がどんな人物かを気にする要素が少なく済むことや、自分自身も自分であることを相手に知られていないという安心感があるからでしょう。

　また、相談は電話がつながった時だけの1回限りのやりとりであるため、「後腐れがない」ものになります。「こんなことを相談しちゃってあとで変に思われないか……」「思っていることをそのまま言ってしまって恥ずかしい、この次会いづらい……」等ということは考えずに済むので、そこも電話相談の持つ気軽さにつながっていると言えます。

　こうした気軽さが現代のニーズにマッチしている背景には、人々が他者と継続した関係を築いていくことに負担・困難を感じ、避けているところがあるのかもしれません。

9-4. "話を聴く" 電話であること

　「電話相談」と聞くと、一問一答のように悩みに対する答えを提供するものをイメージする方もいるかもしれません。しかし電話相談は答えを提供することよりも "話を聴く" ことに重きを置いています。したがって電話をかけた人は自分の話について良い悪いの価値判断をされずに耳を傾けてもらう体験をします。現実場面では実際に物事をこなすための基準や制約があり、どうしても

周囲からの評価がともなうことが多いでしょうし，身の回りのものがどんどん便利になっていくなかで人との関わりにおいても効率性・生産性を求められてしまう場面が多いのではないでしょうか。ただ相手の話を聴き，受け止める……そういったゆったりとした時間の流れ方は現実の対人関係ではなかなか確保しづらく，自分自身の思いをゆっくり吐き出すことができずにいる人たちも増えているのではないかと思います。

9-5．二者関係のやりとりを求めて

　筆者がいつでもどこからでもつながることができる電話相談について興味を持った当時，電話相談で行われるやりとりは「○○について悩んでいるのですが」と，悩みについて電話をかけた人と受けた人が話し合うという形がほとんどであるだろうと思っていました。しかし，ある電話相談機関で相談員として活動している方々にインタビューを行った際，そこで繰り広げられるやりとりは「悩みを話し出せるまでの準備の時間を一緒に過ごす」というものや，「一人でいるので話し相手になってほしい」という，相談に至る前の段階にあるものが多々あるということに気付かされました。そしてその役割こそ電話相談の大事な部分ではないかと感じました。この役割を光元（1997）の「**治療の三角形**」の図（図3-9），図のもととなった神田橋（1990, 1997）の説明を用いて考えてみます。対話精神療法において，治療者とクライエント（治療を受ける人）は，まず最初に「わたし」と「あなた」について，身振りや声や言葉を介して関係を深めることで「治療者とクライエントとの関係が生み出す安住の環境」である「**抱え環境**」をつくります。そしてお互いに安心してやりとりできる雰囲気をつくったうえで，徐々に「わたし」と「あなた」で「テーマ」について語り合う，二等辺三角形の形へと関係を移行していきます。「悩みを話し出せるまでの準備の時間を一緒に過ごす」「一人でいるので話し相手になる」という電話でのやりとりはちょうどこの「抱え環境」をつくっている過程に当てはまるのではないでしょうか。現実場面で人とうまく付き合えない感覚のある人は，「わたし」と「あなた」という1対1の二者関係を求めて，こうした電話相談につながろうとしているように思われます。電話相談はお互い顔が見えない関係ゆえに，自分の理想的な相手をつくり出しやすい構造でもあります。

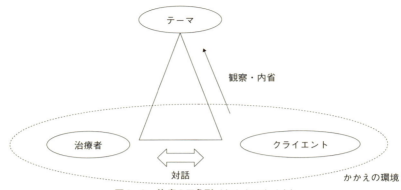

図3-9．治療の三角形（光元（1997）より）

そういう状況から生まれるのはあくまで擬似的な親密性，擬似的な二者関係になるのですが，擬似的なものでも人とのつながりを必要としている人がいます。擬似的な二者関係から力をもらい，現実を生きている人々もいるのです。

　人とのつながりなしでは生きられないことを痛感しつつ，けれどもその負担に耐え切れずどこにもつながることができない人々が誰かとつながる場所として，電話相談のような場所は必要であると感じます。しかし電話を受ける側は擬似的な関係を提供することだけが目的にならないよう，あくまで「一時の休息場所」として，電話をかけてきた人がその後の現実でどう過ごしていくかを後押しする存在でなければならないことを忘れてはいけないように思います。

◆◆引用文献◆◆

今川民雄（2005）．非対面援助活動としての電話相談―「いのちの電話」の経験を基礎として　岩本隆茂・木津明彦（編）　非対面心理療法の基礎と実際―インターネット時代のカウンセリング　培風館　pp.68-80.
神田橋條治（1990）．精神療法面接のコツ　岩崎学術出版社.
神田橋條治（1997）．対話精神療法の初心者への手引き　花クリニック神田橋研究会.
光元和憲（1997）．内省心理療法入門　山王出版.

10. 被災者と支援とのつながり

10-1. 初めての国内救護活動

　2015年は，東日本大震災から4年を数えます。テレビや新聞などでの報道も少なくなり，その日が近くなると思い出したように，現地の様子を取材して伝える程度になってきました。東日本大震災を目の当たりにした時には，被災者の方々に自分たちのできることをしたいと，誰もが居ても立ってもいられない思いに駆りたてられたに違いないのですが。

　赤十字に勤めていた筆者は，当時救護班員（看護師）として任務に就くことができました。派遣期間は移動を含めて一度に5日間ほど，3月末に釜石市，4月中旬に陸前高田市に行き，避難所の方々や救護所に診察に来る方々のケアを担うことができました。

　ある中学校の体育館に避難されていた84歳の女性は「私の人生の中で最もひどい震災・津波でした。でも，私達は復興するんです。必ず復興できるんですから……」と，凛とした信念を持っておられました。そして，今何が必要かと尋ねると，「何にもありません。こんなに良くしていただいているのですから……」と応えられました。その言葉の強さに思わず涙しました。

　別の町の中学校の体育館では，小学2年生の女の子に出会いました。北海道から来たことを伝えると，「今日，学校給食で北海道の牛乳がでたよ。甘かった！」とマンガを読んでいた目線が筆者に向けられました。その愛らしい瞳。救護を終えて帰ることを伝えると驚いた表情を見せ，翻ってあめ玉を取りに行き，筆者に差し出した時の明るく，少し残念そうな表情。この子の行く末を思いながら，「ありがとう」と口にした筆者の目から自然に涙があふれ，押さえることができませんでした。

10-2. こころのケアと看護

ところで「こころのケア」という言葉が一般の人々に知られるようになったのは阪神淡路大震災からです。震災による急激な生活変化は多大なストレスを生み，被災者のメンタルヘルス・ケアの必要性について初めて課題となった災害でもありました。

災害医療は，災害サイクルという時間の流れの中で，それぞれの時相（フェーズ）で必要とされる活動が異なってきます。同様に，「こころのケア」においてもフェーズごとに被災者のストレス反応は異なり，その反応に合わせたケアが必要になります（表3-3）。

10-3. 被災者と看護師という専門職

しかしながら，筆者の活動経験は少し違っていました。東日本大震災での最初の救護活動は，ちょうど反応期（1週間～6週間）と呼ばれる時期で，被災者は被災という非常事態で興奮し，抑えられていた感情がわき出してくる時期でした。悪夢や睡眠障害に悩まされる被災者を目の前にして，頭の中では被災者の反応を受け止め，必要なケアを整理しているのに，何故か強すぎる自分自身の感性に圧倒されている自分を認識していました。そこには，専門職を離れ，あたかも被災者家族のこころになっている自分がありました。

ラファエル（Raphael, 1986／邦訳, 1995）は，**被災者と救援者の関係**には，共感と一体化の側面があると述べています。また，災害という危機状態は，救援者を「他人ごととは思えない」気持ちにさせ，両者を情緒面で近づける傾向があるとも述べています。そして，「被災者と救援者の関係の特殊性が時にはその他の人間関係や家族関係の妨げになることさえある」と。

さらに，柳田（2006）は，「**2.5人称**」の関係づくりを提唱しています。こころを見る時には，看護師という冷静な判断のできる専門家という3人称の立ち位置ではなく，2人称，つまり家族の立場に近づくことが必要だということです。しかし，いつも家族の立場に立っていると，感情の同一化が起こって疲弊してしまいます。だから，気持ちは寄り添いながら，客観性を保つ立ち位置，2.5人称の関係づくりが必要なのだと結んでいます。

実際に救護活動で抱いた被災者への思いが，活動の妨げになることはありま

表3-3. 時間経過と被災者の反応 (槇島・前田 (2013) より)

反応／時期	急性期 発災直後から数日	反応期 1〜6週間	修復期 1ヵ月〜半年
身体	心拍数の増加 呼吸が速くなる 血圧の上昇 発汗や震え めまいや失神	頭痛 腰痛 疲労の蓄積 悪夢・睡眠障害	反応期と同じだが徐々に強度が減じていく
思考	合理的思考の困難さ 思考が狭くなる 集中力の低下 記憶力の低下 判断能力の低下	自分の置かれた辛い状況がわかってくる	徐々に自立的な考えができるようになってくる
感情	茫然自失 恐怖感 不安感 悲しみ 怒り	悲しみと辛さ 恐怖がしばしばよみがえる 抑鬱感，喪失感 罪悪感 気分の高揚	悲しみ 淋しさ 不安
行動	いらいらする 落ち着きがなくなる 硬直的になる 非難がましくなる コミュニケーション能力が低下する	被災現場に戻ることを恐れる アルコール摂取量が増加する	被災現場に近づくことを避ける
主な特徴	闘争・迷走反応	抑えていた感情が湧き出してくる	日常生活や将来について考えられるようになるが災害の記憶がよみがえり辛い思いをする

せんでしたが，今考えると筆者の立ち位置は適切だったのか，被災者との関係性を断ち切ることのできなかった思いがよみがえってきます。

10-4. 被災者とつながることの意味

　筆者は，東日本大震災の年の8月から現在まで，陸前高田市仮設住宅でのボランティア活動を年3回，継続して行っています。目的は，コミュニティの持続と再生のための**場づくり**にあります。被災者の本当の戦いは，この復興の時

期にあると感じているからです。何より震災後の健康・生活・暮らしに関わる大切な時期であるととらえられ，生き残った大切な命をどうやって守っていくのかが課題です。

　年3回の活動でこの深刻な心の状況を変えられるはずはありません。けれども，定期的に訪れるボランティアは，外からの支援者が少なくなった今，周りに気兼ねせず，話せる相手として貴重な存在として，先の見えない混沌とした状況の被災地に，ささやかな変化をもたらす風のような存在でありたいと願っています。そして，被災者にとって1つの「つながり」として存在できることを望んでいます。つながり方は一人ひとり違うし，その強さも長さも，太さも，求め方も違っているでしょう。でもそうしたつながりが，答えを出すための選択肢を増やす可能性があると思うのです。

　この活動が，本当に被災者の方々にとって役に立っているかどうかは別にして，被災者の方々が問題解決するための1つの「つながり」，支えであって欲しいと強く願っています。

◆◆引用文献◆◆

柳田邦男（2006）．特集　災害看護の現場から—災害看護学構築に向けて・1　災害をみる視点　柳田邦男氏に聞く　看護教育　医学書院．

槇島敏治・前田　潤（2013）．災害時のこころのケア　日本赤十字社．

Raphael, B. (1986). *When disaster strikes: How individuals and communities cope with catastrophe*. New York: Basic Books.（石丸　正（訳）（1995）．災害の襲うとき　カタストロフィの精神医学　みすず書房．）

◆◆参考文献◆◆

勝見　敦・小原真理子（編著）（2011）．災害救護　災害サイクルから考える看護実践　ヌーヴェルヒロカワ．

浦田喜久子・小原真理子（編著）（2015）．災害看護学・国際看護学　看護の統合と実践③　医学書院．

第4章　人とのつながりの中に生きる

1. 人とのつながりと自己成長　［信野良太］
2. 人とのつながりと自己開示　［丸山利弥］
3. 人とのつながりと親密化　［渡辺　舞］
4. 人とのつながりは自己を通じてのつながりである
　　ということ　［吉田未来］
5. 人とのつながりと楽観性　［青陽千果］
6. 人とのつながりと well-being　［青陽千果］
7. 失恋しても終わらない関わり　［山口　司］
8. ユーモアと笑いと健康　［今川民雄］
9. 外見という自己呈示　［今川民雄］
10. 社会的アイデンティティと関係的自己　［今川民雄］
11. 日本人と中国人とのつながり　［王　　怡］

1．人とのつながりと自己成長

　"あぁ，私がこの本の編者の先生と知り合いでなければ，今頃こうして頭を抱えてパソコンの前に座っていることもなかったのに……。"
　これはこの文章を書き始めた頃の筆者の心境です。このときストレスの真っただ中にいたわけです。人とのつながりが生んだストレスの中に……。

1-1．人とのつながりにストレスを感じる私たち
　人によって感じ方はそれぞれでしょうが，私たちは仕事，勉強，家事，親子関係，友人関係，アルバイト先や職場の人間関係などなど，様々なストレスの中で生活しています。中でも人とのつながりでストレスを感じない人はいないでしょう。筆者はと言えば，家では妻に叱られ（いろいろなものをこぼしたりして……），職場では上司に目をつけられ（ときどき暴走してしまうので……），部下からは不満を言われ（頼りない上司なもので……），毎日がストレスの連続です……。
　友達や家族と喧嘩した時はもちろん，喧嘩にはならないまでもどこかギクシャクした関係が続いたり，なんとなく無視されているように感じたり，そんな経験は皆さんにはありませんか？　相手がほとんど会わないような人ならそれほど気にならないかもしれません。でも，毎日のように会う友達や家族となるとそうもいきません。相手のご機嫌をうかがったり，謝ったり，必要があればお互いが納得できるまで話し合ったりして，なんとか関係をよくしようと努力するものです。その努力が報われればいいですが，それが余計に関係をこじらせてしまうこともまたあるわけで……。

1-2．ストレスは私たちを成長させる？
　ほんと人とのつながりってたいへんです……。でもちょっと待ってください。キャプラン（Caplan, 1964）という人は「危機には成長を促進させる可能性

（growth promoting potential）が内在している」と述べています。危機，これはストレスを感じさせる体験と言い換えることができると思うのですが，それが私たちを成長させる可能性を含んでいるというのです。確かに，過去を振り返ってみた時，当時は辛かった体験も，"あの頃は大変だった。でもなんとかなった。よく頑張ったよなぁ自分"と思うことはないでしょうか？

　私は大学生を対象に"大変だったけどいい経験になったな"と感じられる体験について調べてみたことがあります（信野，2008）。その結果，大学生は部活やサークル，アルバイト，友人関係や恋愛関係，失恋，受験といったストレス体験を通して，"大変だったけどいい経験だったな"と感じることがわかりました。私はこうした感覚を「**自己成長感**」（ストレスフルな体験を通して自分が成長したと感じる感覚）と名付け，さらに「自己成長感」の構造について調べてみることにしました。

1-3．成長には人とのつながりが関係している

　一般的に「自己成長感」と聞くと，自分に自信が持てるようになるとか，意志が強くなるとか，何かそういった自分の内側の成長をイメージすることが多いと思います。しかし，調査の結果，大学生の「自己成長感」には，（そのイメージに近い）多少のストレスにさらされても動じないといった自分自身への信頼が高まる感覚（「**自己信頼感**」）以外に，人とのつながりを以前にも増して感じられるようになるといった感覚（「**他者とのつながり感**」）が含まれていることがわかりました（表4-1参照）。しかも，大学生はどうやら，どのようなストレス体験でも「**自己信頼感**」より「**他者とのつながり感**」の方が強く感じられるようなのです（図4-1参照）。

1-4．人とのつながりの中で成長する私たち

　何故このような結果になったのでしょう。おそらくはどの体験にも何らかの形で他者が関わっていたのだと思われます。例えば，先輩や後輩と揉めごとがあった場合，揉めた相手がいることはもちろん，その周囲には相談に乗ってくれた友達，また，揉めごとの解決のためのアドバイスをくれた先生，さらには，仲裁に入ってくれた先輩や話し合いへ向かう背中を押してくれた後輩がいたの

表 4-1. 「自己成長感」の構造 (信野, 2008)

	I	II
自己信頼感 ($\alpha = .898$)		
自分自身に対する信頼感	.748	-.085
物事をポジティブにとらえること	.666	.069
些細なことでこころが乱されないこと	.630	-.042
何事も自分自身で決められる能力	.621	-.080
自分には生きる価値があるという感覚	.621	.116
落ち着いて生活に取り組むこと	.618	.037
悪いことが起こっても気が動転しないこと	.606	-.244
自分がいかに強いかという信念	.582	-.169
自分にとってよくわからないことにぶつかってもあわてないこと	.580	.087
あきらめずに問題に取り組むこと	.580	.108
楽観的であること	.562	-.038
自分が生きることの意義	.556	.224
他者が望むような私ではなく,本当の私であること	.534	.017
人生を真剣に受け止めること	.480	.151
完璧ではない自分自身を受け容れること	.456	.152
自分の生活に対する満足感	.407	.195
他者とのつながり感 ($\alpha = .884$)		
人を思いやること	-.251	.834
人の感情や信念を尊重すること	-.167	.812
人と誠実にやりとりをすること	.027	.655
人を助けるために手を差し伸べること	-.024	.643
人を受け容れること	-.037	.642
居場所があるという感覚	.093	.631
自分にとって特に大事な人との関係の大切さ	.042	.625
自分を心配してくれるたくさんの人がいるという認識	.059	.611
人が私に向かって話をしているときには,しっかり聞くこと	-.003	.582
すべてのことには理由があるという考え方	.030	.513
新しい情報や考えを抵抗なく受け入れること	.103	.479
周囲の人と密接なつながりを持っているという感覚	.231	.448

因子間相関	I	II
I	—	.573
II	.573	—

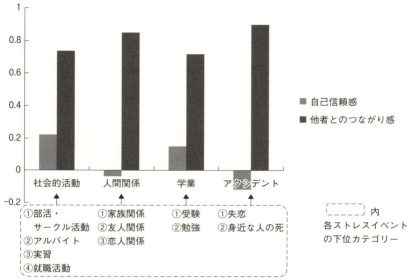

図4-1. 各ストレスイベントにおける「自己成長感」の高さ（信野，2008）

ではないでしょうか。もし揉めごとが和解の方向に進んだとしたら，相手との関係は何でも言い合えるような関係に発展し，そのつながりは深まりをみせるでしょう。また，もし物別れに終わったとしても，辛い時にそばにいてくれた友達や先生，先輩・後輩に対して，感謝の気持ちが湧いたり，それらの人たちとのつながりが強くなったりするのではないでしょうか。

残念ながら私の調査は大学生しか対象にしていません。ですから，他の年代では多少異なる結果になるかもしれません。ただ，おそらくはそれほど大きく変わらないだろうと私は思っています。何故なら，いつの時代も，人は人と人とのつながりの中で生きているからです。どれだけ社会が変容しようと，どんなに人とのつながり方が多様になろうと，人は一人では生きていくことはできない（仙人のような人がいれば別ですが……），人とのつながりの中で生きていかざるを得ないからこそ，人は人とのつながりの中で成長していくのではないでしょうか。

さて，筆者と編者の先生とのつながりが生んだ，このストレスフルな日々もそろそろおしまいを迎えます。今はまだ「やってよかった」と思えてはいませ

ん。でもいつかそう思える日が来るでしょう。人とのつながりはストレスにもなりますが，人を成長させてくれるチャンスにもなる，そう信じて，これからも1つ1つのつながりを大切にしていこうと思います。

◆◆引用文献◆◆

Caplan, G.（1964）. *Principles of preventive psychiatry*. New York：Basic Books.（新福尚武（監訳）（1970）．予防精神医学　朝倉書店.）

信野良太（2008）．ストレスに関連した自己成長感に関する研究―尺度の作成とメカニズムの検討―　北星学園大学大学院社会福祉学研究科心理学専攻修士論文.

2．人とのつながりと自己開示

2-1．自己を他者に向けて開き明かすこと

　周りの人たちとのコミュニケーションを思い起こすと上司や会社について同僚との飲み会で愚痴る，片思いをしている相手のことを友人に相談する，というように自分に関することや自分の考え，気持ちを誰かに話した，という経験をお持ちの方が多いのではないでしょうか。あるいは，もっと単純に世間話の中で自分の話をしたこと，例えば「昨日，あの行列ができるラーメン食べに行ったんだ」「週末に観た映画がとても面白かったよ」といった話をしたことがあるのではないでしょうか。このように，自分のこと，自分の気持ちや考えを話すことを**自己開示**と言います。文字どおり，自己を他者に向けて開き明かすことを言いますが，この自己開示が，人と人とのつながりの中で重要な役割を果たしていることは，心理学の世界における多くの研究で確かめられています。本節では自己開示がどのようにして，人と人とのつながりと関連しているのか示したいと思います。

　また，インターネット上のSNSやメール等で自己開示が日常的に行われている今日ですが，本節では特に対面の自己開示による研究に焦点を当てて話を進めたいと思います。

2-2．自己開示と精神的な健康

　自己開示を最初に取り上げたアメリカの心理臨床家ジュラード（Jourard, 1971）は「自己開示はパーソナリティー健康のしるしであり，健康なパーソナリティーを至高に達成する手段である」と言っています。以降多くの心理学的な研究で，自己開示と精神的な健康の関連が検証されてきました。

　例えば，冒頭に挙げた例のように，職場や学校生活，友人関係などで悩んでいる時，そのことを家族や友人を相手に話して「しゃべったらスッキリし

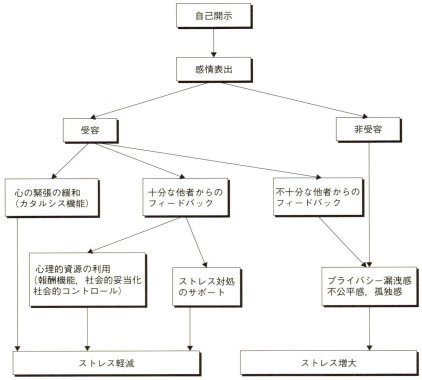

図4-2. 自己開示がストレスを低減するモデル（丸山・今川, 2001）

た！」という経験がある方も多いかと思います。これは自己開示が果たす機能の1つである**カタルシス**の効果が表れたものです。自己開示は、こころの中に溜まった怒りや悲しみなどの鬱屈したネガティブな感情を表出、発散する、吐き出してスッキリするという機能を持っています。丸山・今川（2001）では、対人関係についての自己開示がどのような機能を果たすことによりストレスを軽減するのかが検討されています。丸山らは自己開示の機能として、①カタルシス機能、②他者からのフィードバックを得られる機能、③他者からの直接的なサポートが得られる機能の3つを挙げ、特に①カタルシス機能にストレスを低減させる効果のあることを確かめました（図4-2）。

また、人と話しているうちに曖昧だった自分の考えや気持ちがハッキリした

と感じたことはないでしょうか。自己開示によって，自分が漠然と考えていたことや何だかよくわからない気持ちがより明確になる場合があります。例えば，「何となく気になっていたあの娘のことを友達に話していたら好きなんだと気が付いた」という流行りの歌に出て来そうなお話があるかもしれません。このような自己開示の機能を**自己明確化**と言います。

　もう1つ，自己開示をすることによって，自分の考えや能力などを他者と比較することができます。そのことによって自分の中で不確実だった部分が減少し，かつそれが周囲に受け入れられるものかどうか，一般に評価されるものかどうかを確認することができます。そのことによって，自分が，社会の中，他者との関係の中でうまく適応できるかどうかを確認します。その過程で自己概念が形成され，より自信を持って振る舞ったり，発言したりできるようになるかもしれません。

2-3．関係を調整する自己開示

　自己開示は精神的な健康に良いというだけではありません。自己開示には，「自己開示の返報性」と呼ばれる基本的な性質があります。自己開示した人は，その相手から同じ程度（深さ，量）の自己開示を返されることが期待できるという性質です。例えば，好きな音楽の話をすると相手も好きな音楽の話を，対人関係の悩みを打ち明けた相手は同じような対人関係の悩みについて話してくれるかもしれません。極端に言うと，相手のことを知りたいと思ったら，まず自分のことを話すと，相手も自分のことをしゃべりやすくなるということが知られています。

　また，自己開示はその返報性によって，した側だけではなく，された側にとっても良いことがあります。もしあなたが誰かに自己開示をした場合，その相手はあなたについて情報を得ることになります。それだけではなく相手はあなたの自己開示を，自分を信頼してくれた証であると感じ，相手は何も知らない時よりも信頼したり好きになったりしてくれるかもしれません。そして，相手はあなたがしたのと同じように自己開示をしてくれるはずです。自己開示が適切に用いられるかぎりは，お互いの自己開示を重ねることによって関係は親密になっていくことが期待できます。

今，"適切に用いられるかぎり"としましたが，実は自己開示が適切に用いられない場合もあります。例えば，それは自己開示の深さ，量が不十分であったり，過剰であったりする時です。

自己開示が不十分である場合，その相手は自分のことを信頼してくれないようだ，と考えたり，自分の自己開示を控えめに調整したりするかもしれません。逆に過剰である場合，相手はその話の深刻さ，または情報量の多さに戸惑ってしまうかもしれません。また，相手からそれと同じ程度の自己開示が得られなくなり，自己開示した側が不満を持つかもしれません。いずれにせよ，そのような場合には相手から期待するようなフィードバックが得られなくなってしまい，関係がギクシャクしてしまうことになるでしょう。他者との関係を進展させるためにはお互いに適切な自己開示をする必要があります。

逆に言うと，自己開示の程度を意図的にコントロールすることによって，目の前の相手との関係性を操作することができる可能性があります。安藤（1986）はその機能を自己開示の社会的コントロール機能と呼び，「自己開示を行なうのは特定の他者だけであることを強調する」「その相手にだけ自己開示しない」「会話の後期に内面的な自己開示を行なう」「相手の自己開示を引き出す目的のために自ら自己開示を行なう」などの具体的な戦略を挙げています。また，同じく安藤（1986）は，心理療法で治療者が自己開示することによって治療効果が促進される場合もあると述べているくらいです。様々な人と人とのつながりにおいて，自己開示が重要な役割を果たしていると言えるでしょう。

自己開示が関係性を調整しているということを考える時に思い出すある映画があります。その映画の中で無人島に流れ着いた主人公は，孤独感からか，人に見立てたバレーボールに何度も話し掛けるようになります。後に無人島から脱出する主人公はこのバレーボールも連れて（持って）行くのですが，途中でバレーボールは波にさらわれて流れて行ってしまいます。主人公はその突然の別れに声を上げて泣きます。このお話の相手はバレーボールですが，人とのつながりの中で自己開示がどのような役割を果たしているか，その答えの1つであるように思えます。

◆◆引用文献◆◆

安藤清志（1986）．対人関係における自己開示の機能　東京女子大学紀要論集, 36, 167-199.

榎本博明（1997）．自己開示の心理学的研究　北大路書房.

Jourard, S. M. (1971). *The transparent self* (Rev. ed.) New York：Van Nostrand Reinhold.（岡堂哲雄（訳）(1974)．透明なる自己　誠信書房.）

丸山利弥・今川民雄（2001）．対人関係の悩みについての自己開示がストレス低減に及ぼす影響　対人社会心理学研究, 1, 107-118.

3．人とのつながりと親密化

3-1．はじめに

　進学・進級・新学期といった節目になると，新しい友人はできるだろうか，新しい学校やクラスになじめるだろうかというワクワクと不安が混ざったような気持ちを抱いた思い出が誰にもあるだろうと思います。筆者は幼稚園2園・小学校3校・中学校2校と転園・転校を多く経験してきました。進学・新学期以外にも転校のたびに，「友達できるかな」という不安を感じていました。クラスの中で一番頼りになりそうな存在を見つけ，声をかけることが不安解消の第一歩です。その後少しずつクラスの人間関係の観察を続け，グループ関係を見極め，気の合う友人関係を形成していくプロセスは，学生時代の筆者にとって，最大の関心事であったと言っても過言ではありません。大学に入り，現在に至るまで友人関係研究を続けていますが，筆者の研究の背景にはこの経験の影響が大きいと考えています。

3-2．友人関係における親密化過程とは？

　親密化過程（close relationship process）とは，人と人が出会い互いに親しくなる過程のことを指します（松井, 2005）。対人関係の親密化過程を説明する考え方には，第1に親密化の進展にともない，親密化にともなう段階ごとに質的に異なる相互作用や行動が行われると考える「**段階理論（stage theory）**」があります。段階理論では，対人関係が親密化していくプロセスにはいくつかの段階が存在し，各段階で行われる特有の行動が存在し，その段階を経て親密化が進んでいくと考えられています。第2に，二者関係の親密化はその関係の初期段階に決定されるとされる「**関係性の初期分化現象（early differentiation of relatedness**」という考え方があります。初期分化現象の考え方では，人と人が出会ってその関係が親しくなるのか否かは，出会いのごく初期段階で決

まってしまうと考えられています。これらの親密化過程研究の中心は，人が他者と出会い，その二者関係がどのように親密化していくのかに焦点が当てられたものです。

3-3．複数で構成される友人関係の特徴

ここで，友人関係の特徴を考えてみましょう。友人関係の特徴は恋人関係とは違い関係を広げることが可能であると言われています（遠矢, 1996）。渡辺（2007）は，大学1年生の調査協力者に同性の友人数を尋ねていますが，平均して男性では45.14人，女性では54.27人の友人が存在すると回答を得ています。つまり，青年期の友人関係は複数の対人関係で構成されていることが示されています。松田（2000）によると友人関係は複数であるがゆえに，状況に応じて友人を選択することが可能となり，これが現代青年の新しい友人関係の在り方であると指摘しています。友人関係の親密化の実態を明らかにするには，1対1の関係性にとどまらず，クラスや課外活動での集団としての友人関係や複数の対人関係にも注目する新たな視点が必要になっているのです。

3-4．大学生の複数で構成される友人関係の親密化過程

渡辺（2011）は，複数で構成される友人関係の親密化過程を明らかにするために，大学4年生104名に面接調査を行いました。その調査の結果，大学入学後に知り合った友人関係の親密化過程では，104名中100名の協力者が，最も親しいと選択した友人の他に，その親友と共通する友人の存在を報告しました。つまり多くの友人関係の親密化過程は二者関係の推移にとどまらない過程があることが明らかになりました。また，大学4年間の6回のアンケートによる追跡的調査の結果，最も親しい友人が一貫して変わらなかった協力者は約13％程度であり，残りの約87％の協力者は少なくとも1回以上，最も親しい友人を変更していました（渡辺, 2014）。

ここで面接調査の一事例を一部抜粋して紹介します（図4-3）。協力者は大学4年生の女性です。最も親しい友人は大学内の同じ学科に所属しているAさんを選択しました。1年生の時に知り合ったAさんとはサークル，アルバイトも一緒に活動しており，非常に強いつながりを感じます。知り合った当初

最初にAさんに出会ったのは，学科のオリエンテーション。隣の席に座って，同じ学科の人だということがわかったので，それから移動するときも一緒にいるようになりました。そこからすごく仲良くなりました。（共通の友人は）たくさんいます。今は8人のグループです。Aさんと出会ってから，しばらくは2人で過ごしていました。一緒に履修を考えたりもしたので。サークルも一緒に入って，バイトも一緒です。私生活も学校生活も一緒のことが多い。この8人のメンバーになって，グループで仲がいいなと思ったのが，（2年生の）必修や演習のレポートを一緒にやったことがきっかけかもしれません。みんなで，情報交換をしていたので。（3年生になって）みんなで遊びに行く回数やみんなの誕生日にお祝いすることも増えました。（2年生以降も）Aさんとの付き合いが中心です。バイトも一緒で，バイトの中で，学科内の友人とは別のとても仲がいいグループがあります。

（　　）は筆者が追加した内容である。

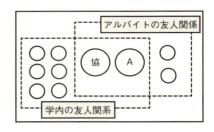

図4-3．親密化過程に関する面接調査の発話の抜粋と友人関係図

は，2人で行動することも多かったようですが，2年生以降，授業を通して8人のグループ関係ができたことを報告しています。その後グループとしての関係がより親密になる過程が存在する一方で，Aさんとは，二者関係だけの経験も多く報告しています。この事例のように，104名中45名の協力者が友人関係の親密化過程で友人が増えた（減った）といった関係の変動があると回答しています。その関係の変動は，どのような資格を目指すのか，ゼミの選択，就職の希望の方向性，友人関係のトラブルやサークル内での出来事など様々な経験によって生じていて，大学入学直後だけでなく，大学生活の後半に至るまで様々な出来事を経験していることが確認されました。また，紹介した事例のように104名中81名の協力者が，共通友人を含む，グループ関係での親密化過程の中で，選択した最も親しい友人との二者関係だけの特別な経験や行動があると報告しています。「人とのつながり」の中でどのように親密化をしていくのかは，青年の生活の中で大きな関心事でしょう。青年期後期にあたる大学生の友人関係は，活動の範囲が広がることから学校内だけに限らない様々なネットワークが存在しています。また現代は様々なコミュニケーションツールが発展

しており，つながり方も多様化していることから，より複雑な親密化過程があると考えられます。

◆◆引用文献◆◆
松田美佐（2000）．若者の友人関係と携帯電話利用―関係希薄論から選択的関係論へ―　社会情報学研究, 4, 111-122.
松井　豊（2005）．親密化過程　中島義明・繁桝算男・箱田裕司（編）新・心理学の基礎知識　有斐閣　pp.372-373.
遠矢幸子（1996）．友人関係の特性と展開　大坊郁夫・奥田秀宇（編）対人行動学研究シリーズ3　親密な対人関係の科学　誠信書房　pp.89-116.
渡辺　舞（2007）．大学への進学が友人関係のあり方にどのような変化をあたえるか？―高校3年生と大学1年生の比較から―　北星学園大学大学院社会福祉学研究科北星学園大学大学院論集, 10, 89-103.
渡辺　舞（2011）．大学生の友人関係における親密過程と大学生活の適応感に関する研究―大学4年間における追跡的研究と回想的調査面接による検討―　北星学園大学大学院博士論文（未公刊）．
渡辺　舞（2014）．大学生の友人関係は変化するか？　―大学4年間の追跡的検討による大学適応感との関連について―　北星学園大学大学院論集, 5, 67-81.

4．人とのつながりは自己を通じてのつながりであるということ

4-1．「輪」と「点」

　人とのつながりというテーマをいただいた時，そのテーマと自己という個別的な要素とをどうやって「つなげるか」を考えました。そこで浮かんできたイメージは「輪」と「点」でした。それぞれの人を「点」で表すなら，人とのつながりは「輪」で表せるのではないでしょうか。その「輪」の在り方は，近年，ますます多様になっているように思われます。中でも注目したいのは，インターネットを介したつながりです。身近なツールとしてスマートフォンやパーソナルコンピュータが挙げられるでしょう。特に，スマートフォンなどはそれ自体が持ち運びできる「パーソナル」なコンピュータと言えます。そしてそれは，様々な場で使うことが可能です。中でも驚いたのは，スマートフォンがないと不安なので浴室にまで持っていくという知人の話です。その時，スマートフォンを浴室でも使用できるアイテムがあることも教えてもらい，そういった人たちは少なくないのだなと実感しました。現在，スマートフォンや携帯電話（以下，2つを総称してケイタイと表記）は，どんな場所でも，どんな時にでも使えるということが重要視されているように思います。そのこととの関わりで言えば，人とのつながりという「輪」の在り方も変化し続けているように思います。すでに第2章でケイタイについて取り上げられていますが，ここでは人とのつながりと自己との関係で，ケイタイが果たしている機能について，改めて考えてみたいと思います。

4-2．自己の一部となり始めた「ケイタイ」

　「点」として自己をとらえる時，その「点」の在り方は複雑であると言えます。梶田（1988）は，図4-4のように認識や**行動**の**主体**であるか**客体**であるかの軸と，**外在的視点**であるか**内在的視点**であるかの軸で自我の概念を整理し

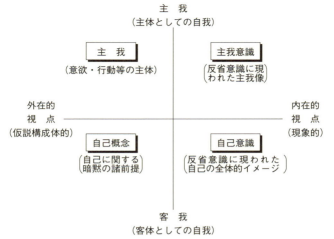

図4-4.主我と客我に関する概念整理の基本的枠組み (梶田，1988)

ています。そして，この図において主我意識，つまり主体としての在り方を自分自身によって意識することの重要性を強調しています。さらに，近代的自我の確立つまり「主体性」は，この主我意識に基づくコントロールの問題だと述べているのです。この主体性が保たれている時，自己は「点」として他の「点」とつながることができると考えられます。

「自分とは？」と問うことは，自分に注意を向けることを意味しますが，いつも同じ自分を意識するとはかぎりません。一方で，どんな時と場所でも変化しない自己もあると言われています。例えば，「自分はインドアな人間である」という時の私の自己は，どの場所にいても，どんな時間であっても変わることのない自己と言えます。そのような自己は人それぞれ，少なからず存在するものだと言えます。そして，おそらくはそれらの自己を中核としながら，身に着けるもの，行動，人とのつながりの持ち方など，多様な彩りのある「点」として，自己は「輪」の構成要素となります。

その中で，ケイタイのような自分に身近なアイテムは，人とのつながりの中で重要なツールになりえます。現代では，ケイタイは，その便利さと機能の多様さによって，自己の一部ととらえる人を生み出し，「輪」の構成要素としての「点」に，さらに複雑な様相を付け加えているように思われます。先日，し

ばらくぶりに会った友人が「スマホのケースが欲しい」と言ったので，家電量販店を一緒に見て回ったことがありました。ケース1つにしても多くの種類があり，それだけでなく，ケイタイをより便利に使える付属アイテムの多さに驚きました。私が携帯電話を持ち始めた時，装飾が可能なのはストラップ程度でした。それが今や，ケイタイは外装だけではなく，内部もアプリのダウンロードなどで自由にカスタマイズできるようになっています。自分仕様に世界で1つしかないものを生み出すことも可能になっているのです。また，職場などで使う時のために，よそ行きの外装にしているという人もいるのではないでしょうか。それは，「自分はこのような人間である」と周囲に「見せたい自分」と考えられます。これを，心理学的にいうと「**自己呈示（self-presentation）**」と言います。シュレンカー（Schlenker, 1980）は，この自己呈示を「現実にあるいは想像された社会的相互作用に反映されるイメージを統制しようとする意識的・無意識的な試み」と定義しています。つまり，ケイタイは，自己呈示の機能を担うことによって自己の一部となっていることを示しています。ケイタイが自分自身の一部になっている人にとっては，肌身離さないことがむしろ自然なことのように思えてくるのです。今日のケイタイは機械であることを超え，もっとパーソナルな存在として人とのつながりを媒介しているのかもしれません。

4-3．ケイタイとケイタイのつながりとは

これまで述べてきたことに対して，ケイタイを通じてのインターネットへのつながりについて，「ゲームをしているだけで，特に人とのつながりを感じない」と言う人もいるかもしれません。また，中には動画視聴や音楽視聴が目的であってコミュニケーションが目的ではないという人もいるかもしれません。とはいえ，様々なアプリに「人とつながる」要素がまったくないということはないように思います。ゲームであれば，フレンド機能などで，直接会ったことがない人と協力したり競ったり，ゲームそのものにチャットが備わっていることもあるでしょう。その中で，ゲームとは関係のないパーソナルなやりとりが行われていることもしばしば見受けられるのです。また，動画サイトや音楽配信サイトなどもレビューなどで人を感じられることもあるかもしれません。こ

のようなことから、人は、バーチャル上であっても、人とのつながりと無関係ではないと言えるではないでしょうか。ケイタイを用いることは、自己と人とのつながりを保つという窓口に常に開かれていますし、それは新しいコミュニケーションスタイルの模索ともなるのではないでしょうか。

4-4. 自己と人とをつなげること

今回、例に取り上げたケイタイは、ユーザーとユーザーの間の仲介をするインターフェイスのような役割を担っていると考えられます。人と人との自己を「つなげる」ツールとも言えるでしょう。そして、自分と自己像をつなげる機能もあるのかもしれません。それも広い意味で言えば「人とつながること」と言えます。自己は、自己に対する自分自身あるいは人からの評価などで変化しうるものです。人はケイタイを通じて他の人とやりとりをしながら、自らの表出をモニターしているのではないでしょうか。心理学では、「自己呈示や表出行動、また非言語的な感情表出をモニター（観察や統制）」する特性を「**自己モニタリング（self-monitoring）**」と呼んでいます（Snyder, 1974, 1987）。自己の表出をモニターする手段として、ケイタイのような自己表現のツールは自己理解にも役立ってくれるのではないでしょうか。そして、そのようなツールで自己モニタリングが可能になることは、人とつながるという点において、今後、大いに役立ってくれるのかもしれません。

◆◆引用文献◆◆

梶田叡一（1988）．自己意識の心理学　東京大学出版会．
中島義明・安藤清志・子安増生・坂野雄二・繁桝算男・立花政夫・箱田裕司（編）（1999）心理学辞典　有斐閣．
Schlenker, B. R. (1980). *Impression management: The self-concept, social identity, and interpersonal relations.* Monterey, CA: Brooks/Cole.
Snyder, M. (1974). Self-monitoring of expressive behavior. *Journal of Personality and Social Psychology,* 30, 526-537.
Snyder, M. (1987). *Public appearances/Private realities: The psychology of self-monitoring.* New York: W. H. Freeman and Company.

5．人とのつながりと楽観性

5-1．はじめに

　将来，肯定的な結果が生じることを期待する傾向である**楽観性**（optimism）は，**抑うつ**（depression）になりやすい**悲観**（pessimism）の対極概念として考え出されました（Seligman, 1990）。言い換えれば「抑うつになりにくい考え方」です。楽観的，つまりきっとうまく行くと信じて物事を前向きに考え，明るい気持ちでいることは，物事を成功させるために，また精神的な健康を保つために，とても大事だと言われています。

　例えば何事も悲観的に「うまく行くわけがない」と考えると，「何をやってもだめに決まっている」と絶望的な気持ちになります。これでは行動を起こすエネルギーが出てきません。結果として何もすることができず，うまく行く可能性をゼロにしてしまうでしょう。そして「やっぱりうまく行かなかった」と落ち込み，より悲観的に考えやすくなります。そうして次のチャンスが来た時も行動を起こすことができず，さらに落ち込むという悪循環に陥ります。しかし楽観的に「きっとうまく行く」と考えると，努力をするエネルギーを引き出し，行動に移す意欲が高まるでしょう。結果としてうまくいかなかった時にも，楽観的に考えることで落ち込みから回復しやすく，気を取り直して前向きな気持ちになることができます。また人との関わりの中でも，例えば初対面の人がいた時に悲観的に「迷惑がられるに決まっている」と考えれば，その人と話すことは「うまく話せるだろうか」「嫌な気持ちにさせないだろうか」という不安がつきまといます。不安な気持ちが強くなれば，必要以上に話さず最低限のやりとりで済ませたくなります。しかし楽観的に「少し話すくらい迷惑がられない」と考えれば，気楽な気持ちでやりとりすることができるでしょう。気楽な気持ちになることでやりとりにも余裕が生まれ，人間関係をつくるのに重要な笑顔や相手への好奇心が出やすくなります。結果的に相手に好印象を持たれ

たり，相手の良いところを見つけやすくなったりしますから，人とのつながりをつくることに積極的になれるのではないでしょうか。

5-2．心理学における楽観性

心理学における楽観性の定義は大きく2つに分かれます。1つは**説明スタイル**（explanatory style）による楽観性（Seligman, 1990）です。これは「望ましい，よい出来事」が起こった時に内的（自分側の），永続的（ずっと続く），全体的な原因で説明し，「望ましくない，悪い出来事」が起こった時に外的（自分以外の），一時的，特異的な（特定の）原因で説明するスタイルを持つことです。説明スタイルによる楽観性は，**学習性無力感**（learned helplessness）の研究が進む中で派生しました。あらかじめ弱いショックを与えられていたイヌたちはショックを与えられた時に，容易に逃れられる状況でもまったくその場から逃げようとしなかったのです。セリグマンは，何をしてもショックから逃れられない，自分たちの行動が無駄であるということをイヌたちが学習したために逃げようとせず無抵抗になかったのではないか，と考えました。このようなイヌの無力感は，人間の感じる無力感と通じるものです。この学習性無力感理論は人間でも同じ効果が得られるという実証研究が数多くみられています（Peterson, Maier, & Seligman, 1993; Beck, Rush, Shaw, & Emery, 1979）。最も有名なのが，学習性無力感をうつ病のモデルとして考えたものです。ベック（Beck, 1979）は，うつ病患者に特徴的な悲観的な帰属様式は，うつ病患者が否定的な認知スキーマによって現実を歪曲した結果生まれたものであるとしました。このモデルはうつ病の治療に効果が高いとされる認知行動療法のもとになっています。その後セリグマンらは学習性無力感理論に帰属理論（Frieze & Weiner, 1971）を取り入れ，自分に起こった悪い出来事の原因をどのように自分自身に説明するか，ということに注目し，**改訂学習性無力感理論**（reformulated learned helplessness theory）を唱えました（Seligman, 1990; Seligman et al., 1995）。

もう1つは一般化された結果の期待（generalized outcome expectancies）としての楽観性（Scheier & Carver, 1985）です。一般化された結果の期待としての楽観性は，主観的感情としての結果の期待を，個人の内部で一般化され

た特性として存在するとしてとらえたものです。

　楽観性は主に健康心理学の分野で，精神的健康と強い関連を持っているとされ，特に近年は多くの研究が行われています。藤南・園田（1994）は，楽観性の高い人はネガティブライフイベントを多く経験しても，抑うつ反応やストレッサーに対する評価が増加しないことを示しています。伊澤（2004）は，説明スタイルによる楽観性がストレスに対する脅威性（一時的評価）を低くし，ネガティブ関係コーピングを行使しにくくすること，一般化された結果の期待としての楽観性が対処効力感（二次的評価）を高くし，ポジティブ関係コーピングを用いるという関係を見出しています。またセリグマン（Seligman, 1990）は，楽観的な人が悲観的な人に比べて健康で長生きすることを見出しています。

5-3．いつも楽観的であればいい？

　では，いつも楽観的であればいいのでしょうか。「成績が悪いうえに勉強していないけど，難しいテストに絶対受かる」と思っているのも楽観的と言えますが，これは果たして精神的に健康だと言えるでしょうか？　人とのつながりの中で，楽観的に「きっと許してくれるだろう」と考えて約束を守らないことを何度も続けるのはよい関係と言えるでしょうか？　精神的に健康とされる要素の1つとして「認識の正確性」が挙げられるように（遠藤，1995），楽観的でありさえすればいいというわけではないのです。

　近年では抑うつになりやすい不安や悲観的思考の強い人が，単純に楽観的な考えになればいいと言い切れないことがわかってきています。楽観的思考が自分になじまない人にとっては，無理やり楽観的に考えていくことよりも，悲観的思考をうまく生かして「悪い結果にならないように事前の対処に積極的に取り組む」「最悪な状況を想定しておくことで目標を高くし過ぎなくなり，目標が高くないことでうまくできないのではないかという不安が少なくなる」といった対処につなげる方が精神的な健康がそれなりに保てるのです（細越・小玉，2006）。

　説明スタイルによる楽観性を定義したセリグマン（1990）は，リスクが大きいことを計画する時や，将来の見通しが不確かな時，また他の人の困り事に同情的であることを示す場合などは，楽観的でない方がよいとしています。一般

化された期待としての楽観性を定義したシャイヤーとカーヴァー（Scheier & Carver, 1992）も，非生産的な楽観（きっとうまく行くと決め込んで，何もしない）では，適応に結びつかないとしています。

　このように，いつでも楽観的であることが必ずしもよいわけではありません。困難な状況に置かれた時にネガティブな部分に触れず，何もしていないのに「何とかなる」と考え，状況や自分を変えないままのやり方でうまくいくと考えるような楽観性は，困難な課題の成功や人とのよい関係にはつながりません。特に人とのつながりは関係をつくるだけではなく，つくった関係を続けていくことも重要になります。他人行儀になり過ぎず，しかし自分勝手に押し付けたり干渉したりし過ぎない距離感を，相手と調整していかなければなりません。そのためには楽観的に相手が受け入れてくれると思うだけでなく，相手にとって受け入れやすい態度に変えた方がよい時もあるでしょう。

　楽観性が健康にとって重要とされるのは，気持ちが明るく前向きになることによって，課題の成功や人との関係を維持するための行動につながりやすくなるからなのです。精神的な健康や人とのよいつながりをもたらす楽観性は，頭の中で考えるだけではなく現実の行動に移すことを前提にしたものだと言えるでしょう。

◆◆引用文献◆◆

Beck, A. T., Rush, A. J., Shaw, B. F. & Emery, G. (1979). *Cognitive therapy of depression*. New York：Guilford.（坂野雄二（監訳）（1992）．神村栄一・清水里美・前田基成（共訳）（1992）．うつ病の認知療法　岩崎学術出版社．）

遠藤由美（1995）．精神的健康の指標としての自己をめぐる議論　社会心理学研究, 11(2), 134-144.

Frieze, I., & Weiner, B. (1971). Cue utilization and attributional judgments for success and failure. *Journal of Personality*, 39(4), 591-605.

細越寛樹・小玉正博（2006）．対処的悲観者の心理的 Well-being および主観的 Well-being の検討　心理学研究, 77(2), 141-148.

伊澤冬子（2004）．楽観的説明スタイルおよび属性的楽観性が対人ストレス過程において果たす役割—ハッピネスの観点から—　日本社会心理学会第45回大会発表論文集, 326-327.

Peterson, C., Maier, S., & Seligman, M. (1993). *Learned helplessness ; A theory for the age of personal control*. New York：Oxford University Press.（津田　彰（監訳）（2000）．学習性無力感　パーソナル・コントロールの時代をひらく理論　二瓶社．）

Scheier, M. F., & Carver, C. S. (1985). Optimism, coping, and health : Assessment and implications of generalized outcome expectancies. *Health Psychology*, **4**, 219-247.

Scheier, M. F., & Carver, C. S. (1992). Effects of optimism on psychological and physical well-being : Theoretical overview and empirical update. *Cognitive Therapy and Research*, **16**(2), 201-228.

Seligman, M. E. P. (1990). *Learned optimism*. New York : Arthur Pine Associates.（山村宜子（訳）（1991）．オプティミストはなぜ成功するか　講談社．）

Seligman, M. E. P., Reivich, K., Jaycox, L., & Gillham, J. (1995). *The optimistic child*. New York : Arthur Pine Associates.（枝廣淳子（訳）（2003）．つよい子を育てるこころのワクチン：メゲない，キレない，ウツにならない ABC 思考法　ダイヤモンド社．）

藤南佳代・園田明人（1994）．ストレス反応に及ぼすストレッサーの経験量と楽観性の効果　心理学研究, **65**(4), 312-320.

◆◆参考文献◆◆

大坊郁夫（編著）（1993）．わたし　そして　われわれ Ver.2　Part3　人と人との結びつき　北大路書房．

6．人とのつながりと well-being

6-1．はじめに

　人は誰しも，豊かで満足のいく暮らしを送りたいと願っています。well-being とは自分にとって幸せな状態であること，良い状態であることを意味します。ではどのような状態が well-being と呼べるのでしょうか。例えば今この時点で問題や苦痛が少なく，満たされた気持ちでいることは幸せなことでしょう。しかし人が満足のいく暮らしを送りたいと願う時には，今この時点の苦痛が少ないだけでなく，将来も苦痛の少ない状態が続くようにと考えます。すると今この時点では少し苦痛があったとしても，努力したり頑張ったりすることが必要になる時もあります。

　また人とつながりたい，関わりたいという欲求を持ち，人とつながることを幸せだと感じる人も少なくありません。特に日本を含めたアジア諸国では，他人と相互協調的な関わりを持つことが望ましいとされる傾向にありますから，人とのつながり方がそのまま well-being に結びつきやすい側面があります。人と結びつき関係を持続するためには，自分の苦痛の軽減を図るだけでなく，相手の立場や気持ちを考え，時には自分が我慢することも必要になります。

6-2．個人レベルの well-being

　筆者は病院や学校で臨床心理士として働いているなかで，周りに合わせ過ぎて自分の満足や安定をないがしろにしてしまう人と関わることがあります。大坊（2010）が挙げる well-being の概念の中に「感情が安定し，安心できること，特定の活動に限定されない柔軟さ，開拓可能な心の余裕，新たに何かを吸収できる余地」というものがありますが，人は人と関わることで安定していた感情が乱されたり，自由な活動が制限されたり，気を遣って余裕がなくなったり，ということが頻繁に起こります。また人と積極的に関わりを持たなくても，

一人で目標に向かってそれなりの社会生活を送り，マイペースな生活を楽しんでいる人もいるでしょう。上出（2010）は幸福の要因の1つである**快楽志向**に触れ「個人が恣意的に（論理的必然性がない）確信する欲求を達成することが，よい人生につながる」と言える側面があるとし，親密な対人関係と well-being との関連を再考しています。親密な対人関係を持ちたいという欲求を持っていれば，その欲求を満たすことが well-being につながるのでしょうが，そうではない場合，人とのつながりは well-being に重要と言えるのでしょうか？ 自分の快楽や欲求を自分一人で追い求めることは，well-being とは言えないのでしょうか？

6-3．社会レベルの well-being

松本・前野（2010）は対人関係ネットワークの生活満足への影響モデルを分析し，「社会的多様度」と「親密性」が生活満足に関連が深く，ネットワークの人数は生活満足度とは関連を認めないことを示しています。また上出と大坊（2012）は well-being を高める動機づけについて，「社会貢献」「自己成長」「対人関係の向上」「Non-Growth」という4つの要因を見出し，その中で最も well-being を高める動機づけは「社会貢献」であることが示唆されています。こうした研究からは，いろいろな人と関係を持ち，親密になり，社会に貢献することで個人の well-being が高まると言えます。

ある個人を取り巻く様々な人からの有形・無形の援助を**ソーシャル・サポート**と言います。ソーシャル・サポートが十分にない人は，ある人に比べて健康状態が著しく下がることが知られています。ソーシャル・サポートにはいくつかの側面がありますが，大きくは物質的な援助にあたる道具的・情報的サポートと，人に共感的・受容的な支持をする情緒的サポートの2つに分けられます。サポートは，それによって問題が解決するという単純な効果だけではなく，自ら解決する力の支えになったり，受けるストレスやダメージが軽減したり，ストレスフルな出来事の生起を防いだり，という精神的な悪影響の予防や緩和の効果があるのです。

筆者も働いているなかで，ソーシャル・サポートが well-being に与える影響の大きさを感じる経験をする機会が多くあります。学校のクラスメイトと打

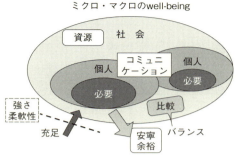

図4-5．個人にとってのwell-beingと社会的なwell-being（大坊, 2011）

ち解けられず，教室に居づらいという子たちの中には，担任の先生と話しやすくなることをステップに，クラスメイトにも少しずつこころを開けるようになっていく子がいます。精神的に不安定で通院している人たちと関わるなかでは，当初の問題に大きな変化がない状況でも，家族をはじめとした周りの人たちとの関係がよくなると症状が安定してくるという場面に出会うことが珍しくありません。

　つまり人は人とつながることで幸せを感じるというだけでなく，人との関わりによって支えられ，自らの苦痛や問題を解決する力を得ているのです。また個人的な満足や苦痛の軽減だけでなく，人や社会の役に立つことがwell-beingを高める動機づけになっていることからは，個人が満たされた暮らしを送ることと人や社会とつながることは，切り離して考えることができないと言えます。個々人はそれぞれの必要があって結びつき，個人同士の関係が社会を形成し，こうしたつながりがあってこそ，それぞれが安寧を得て充実した社会が維持されるのです（大坊, 2011）。

6-4．おわりに

　それでは個人の欲求や快楽を追い求めることが，自分にとって最も重要なwell-beingである，という場合の人とのつながりの重要性はどのように考えたらよいでしょうか？　実は自分の欲求や快楽を最大限に叶えたいとすると，やはり人とのつながりを切り離すことはできません。コミュニケーションにおける自己開示のモデルとしてよく知られている「ジョハリの窓」の中で，他人は

	私が	
	知らない	知っている
他人が 知っている	盲点領域	開放領域
他人が 知らない	未知領域	隠蔽領域

図4-6．ジョハリの窓

知っているけど自分が知らない面が示されているように，自分で気づいていない欲求の側面の中には，他者との関わりの中で見えてくるものがあります。

こうして考えていくと，well-beingにとって人とのつながりは不可欠と言えるでしょう。考えるべきは，人とのつながりがwell-beingに必要か不要かということではなく，自分にとってどのようにつながることがwell-beingを高めるか，自分の欲求の充足と周りとの関係の維持のバランスをどのように保っていくか，ということにあるのかもしれません。

◆◆引用文献◆◆
大坊郁夫（2010）．ポジティブな人間関係研究の展開　堀毛一也（編）　現代のエスプリ512　ポジティブ心理学の展開　至文堂　pp.109-119.
堀毛一也・橋本　剛・磯　友輝子・小川一美・大坊郁夫（2011）．Well-beingを高めるためのコミュニケーション力：社会的スキルの研究　対人社会心理学研究, 11, 1-33.
上出寛子（2010）．親密な対人関係とWell-being　現代のエスプリ512　ポジティブ心理学の展開　至文堂　pp.120-129.
上出寛子・大坊郁夫（2012）．日本におけるwell-beingを高める動機づけ　対人社会心理学研究, 12, 143-148.
松本直仁・前野隆司（2010）．どのような対人関係ネットワークが主観的幸福感に寄与するか？：JGSS-2003データに基づく対人関係ネットワーク構造に着目した分析対人社会心理学研究, 10, 155-161.

◆◆参考文献◆◆
大坊郁夫（編著）（1993）．わたし　そして　われわれ Ver. 2　Part 3　人と人との結びつき　北大路書房.
氏原　寛・亀口憲治・成田善弘・東山鉱久・山中康弘（1992）．心理臨床大事典　培風館　p.156.

7．失恋しても終わらない関わり

7-1．別れた恋人との関係

　恋愛関係が青年期にとって重要な関係であることは言うまでもありません。しかし，青年期の恋愛には終わりが来ることもまた多いのです。栗林（2008）によると大学生の6〜7割は，過去に失恋を経験しているとあります。失恋は，死別ほど深刻にとらえられないとしても，当事者にとっては辛い体験であることに変わりはありません。

　一昔前では，失恋後，別れた相手と関わりを持つことは，心理的・社会的に難しかったと思われます。また，別れた相手と関わりを持つことは未練の表れであると考えられ，心理学的には不健康な関わりであると認識されてきました（増田，2001）。

　しかし近年，異性との関わり方の変化や携帯電話などのコミュニケーション・ツールの発展にともなって，別れた後にも関わりを持ち続けることが容易になってきました。そうなると，失恋後，別れた相手と関係を再定義し関わり続けることも十分考えられます。

　そのような別れた相手との関わりを増田（2001）は，「恋愛関係解消後の友人関係」として PDR（post-dissolution relationship）と呼称しています（本節では，元カレ・元カノとの関係を意味する PDR を元カレ/元カノと書きます）。

　元カレ/元カノというつながり方については，ある程度，社会で認知されてはいますが，その実態や機能については明らかではありません。心理学は，恋愛関係，友人関係，親子関係など青年期に関わる人間関係について検討していますが，元カレ/元カノというつながり方についての研究は多くありません。これは，「恋愛関係の崩壊＝別れ」という理解の仕方が，社会の在り方の変化によって「恋愛関係の崩壊＝別れではない」と変化してきたことによるのでは

ないかと思われます。元カレ/元カノは，今後，恋愛関係，異性友人関係に続く新しい異性関係の形として定着する可能性もあるように思います。

　インターネット上では，「元カレ・元カノ」を検索すると，「『元カレとの思い出』にサヨナラする方法６つ」「忘れられない！　元カレと復縁するための最強メソッド」「元カレから電話がかかってきた……どう対応したらよい？」「元カレと付き合っていくうえで最低限守るべき三つの鉄則」「元カレは普通の友達とは一線を画す特殊な存在。適度な距離感を保って」「男のホンネ！　正直なところ，結婚する彼女が元カレとSNSでつながってたら，どう思う？」など多くのネット記事がみられます。こうした元カレ・元カノに関するネット記事を見てみると，大きく分けて５つの内容に分類できると思われます。１つ目は，復縁の仕方についてです。どのようにしたら元カレ・元カノと恋人に戻れるかについて書いてあります。２つ目は，１つ目とは逆に断ち切り方についてです。どうしたら相手のことを忘れられるかについて書いてあります。３つ目は，現在の恋人の元カレ・元カノのことが気になることについてです。４つ目は，元カレ・元カノとの友人としての関わり方についてで，５つ目は，元カレ・元カノとのトラブルについて書いてあります。どの内容も失恋を経験した者にとっては非常に身近なテーマと言えましょう。

7-2．元カレ/元カノ関係とは，どのような関係か？

　元カレ/元カノとは，どのような関係なのでしょうか？　普通の異性友人関係とは異なっていることは直観的にわかりますが，一体どこが違うのでしょうか。そして，そのような関係を保つメリットはあるのでしょうか。山口(2011)によると，元カレ/元カノでは，異性友人関係と違って恋人のような性行動をとる傾向があり，さらに，目に見える共行動などはとりませんが，信頼や情緒的なつながりに基づく行動をとる傾向にあることが明らかになっています（表4-2）。

　また，元カレ/元カノのメリットとしては，①ネットワークの拡大，②良き友人・理解者・相談者・話し相手，③ポジティブ感情の喚起，④精神的な支え，が挙げられ，他方でデメリットとしては，①情報の漏洩，②他者からの疑惑・誤解，③ネガティブな感情の喚起，④哀愁の喚起，⑤嫉妬，未練の喚起，⑥次

の恋愛への足枷，が挙げられています（山口，2010）。

では，どのような場合に，元カレ/元カノが継続されるのでしょうか。山口（2008）によれば，①偶然会う頻度が多い場合，②共通の友人がいる場合，③未練が残っている場合，④相手を忘れようとしない場合，⑤次の相手を探すようなことをしない場合，に別れた後も元カレ/元カノを持つ傾向が高いそうです。

それでは，実際に，元カレ/元カノを持つ人は，どのくらいいるのでしょうか。20～40代の未婚男女を対象にしたブライダル総研の恋愛調査（2013）では，「恋人と別れても，友人として付き合っていきたい」という設問に対して，20代の男女では約30%，30～40代でも約15%が「非常にあてはまる」「ややあてはまる」と回答しています。筆者は，元カレ/元カノに関する3回の調査で，元カレ/元カノの有無を尋ねました。すると，平均して26%ほどの人が元カレ/元カノと関わりがあると答えていました。この数字は，上述した20～40代の未婚男女を対象にしたブライダル総研の恋愛調査（2013）の「恋人と別れても，友人として付き合っていきたい」という設問に対する，20代の男女では約30%が「非常にあてはまる」「ややあてはまる」と回答していることと一致します。

7-3．元カレ/元カノ研究の将来的な可能性

本来，PDRは，2種類の関係が含まれています。1つ目は，恋愛関係の崩壊を対象としたpost-dating relationshipです。2つ目は結婚関係の崩壊，つまり，離婚を対象としたpost-divorce relationshipです。現在，社会的な問題にもなりつつある離婚についても元カレ/元カノ研究は貢献できるのではないかと筆者は考えています。厚生労働省大臣官房統計情報部の調査結果（2011）によると，2010年度の離婚数は，25万3,000組で，2004年のピーク時（約29万組）から減少してきているものの，依然として離婚率が高いのが現状です。婚姻関係の解消は，経済条件や子どもの有無など恋愛関係とは異なる点も多くありますが，親密な異性関係の解消といった意味では，多くの共通点もあると考えられます。現に，ヒルら（Hill et al., 1976）は，結婚前の関係は，結婚関係に特徴づけられる多くの類似した心理的絆を反映していると言っていますし，結婚前の関係の別れの過程の研究は，結婚関係における別れの複雑な

表4-2. 行動項目の出現頻度 (%)

	恋人	元カレ/元カノ	異性友人
友人や勉強の話をした	100.0	60.0	77.5
相談を聞いてあげた (聞いてもらった)	83.6	48.3	60.7
何かにつけその人の面倒をみた	52.2	30.0	20.2
お互いの家族の話をした	88.1	28.3	36.0
その人の前で,涙を流して泣いた	37.3	5.0	14.6
肩をたたいたり,ちょっと体に触れた	92.5	33.3	51.7
個人的な悩みをうちあけた (うちあけられた)	74.6	30.0	37.1
さびしい時,話をきいてもらった	62.7	18.3	24.7
一緒に音楽を聞いた	83.6	18.3	24.7
キスしたり,抱き合ったりした	83.6	21.7	7.9
プレゼントを贈るか,贈られたことがあった	62.7	21.7	18.0
二人でデートした	92.5	30.0	25.8
その人が落ち込んでいた時,慰めようとした	77.6	30.0	37.1
いつもその人の気持ちを理解できた	35.8	15.0	15.7
特別な用がないのに電話した	59.7	28.3	28.1
その人と口喧嘩をした	61.2	23.3	10.1
その人の買い物につきあった	71.6	21.7	15.7
手を握ったり,腕を組んだりした	89.6	20.0	13.5
友人として周りの人に紹介した (紹介された)	43.3	8.3	20.2
性交した	71.6	10.0	5.6
子どもの頃の話をした	70.1	16.7	38.2
特別な用もないのにメールした	82.1	43.3	38.2
会うと互いに声をかけあった	85.1	36.7	58.4
一緒に昼食をとった	80.6	21.7	27.0
二人だけがわかるジョークで笑った	68.7	31.7	22.5
一緒にスポーツやゲームをした	58.2	15.0	29.2
黙っていても互いに気持ちが通じ合える時を過ごせた	62.7	11.7	13.5
異性の友達を紹介し合った	11.9	13.3	13.5
仕事や勉強を手伝った (手伝ってもらった)	43.3	23.3	22.5
一緒に酒を飲みに行った	50.7	26.7	38.2
ドライブや日帰りの旅行に出かけた	46.3	10.0	18.0
その人は,私を実家に招いた	35.8	13.3	7.9
一緒にコンサートや映画に行った	43.3	10.0	9.0
冗談を言い合った	92.5	40.0	66.3
ともに知っている人について話した	94.0	46.7	67.4
自分の趣味や関心事についてその人に話した	83.6	41.7	49.4
何かにつけその人を誘った	44.8	13.3	20.2
その人のしたことを大いに賞賛した	46.3	13.3	24.7
その人と一緒にいない時は,寂しいとその人に話した	49.3	8.3	6.7
自分の喜びをその人に知らせた	77.6	30.0	34.8
非常に個人的なことについてその人に話した	61.2	23.3	30.3
私の将来の夢についてその人に話した	56.7	18.3	22.5
自分の異性関係を詳しくその人に話した	25.4	11.7	16.9
その人に小さい頃の写真を見せた	23.9	5.0	6.7
その人の頼み事を引き受けた	55.2	21.7	30.3
お金や物 (CD,ノートや車など) を借りた	59.7	16.7	21.3
何事につけ気を使った	37.3	23.3	22.5
第三者との議論でその人をかばった	23.9	10.0	10.1
互いに悪ふざけしあった	56.7	25.0	24.7
一緒に勉強した	35.8	8.3	15.7
その人にちょっとした頼み事をした	59.7	25.0	33.7
その人の個人的な用事のためについて行った	44.8	13.3	9.0
互いにニックネームで呼び合った	41.8	25.0	34.8
二人の関係でその人のミスを許した	47.8	10.0	12.4

過程を解決するのに役立つと主張しています。元カレ/元カノ研究の成果は，離婚後の関係についても応用可能なのではないかと思われます。

最後に，元カレ/元カノのタイプについて触れてみましょう。元カレ/元カノには様々なタイプがあり，メリットよりもデメリットの方が顕著に現れるタイプもあります。近年では，元交際相手によるストーキングが問題になっており，平成25年度のストーカー件数は，21,089件でした（警察白書，2015）。ストーカーはネガティブな元カレ/元カノのタイプの典型とみなすことができます。しかし，元カレ/元カノの中には，ポジティブなタイプ，例えば，別れた後，親友として関わるケースもあるのです（山口，2015）。今後，元カレ/元カノ関係は，新しい人間関係のつながりとして様々なメリットを与えてくれると信じたいと思います。

◆◆引用文献◆◆

ブライダル総研（2013）．"恋愛観調査" 2013
　〈 http://www.recruit-mp.co.jp/news/release/2013/0801_989.html 〉
Hill, C. T., Rubin, Z., & Peplau, L. A. (1976). Breakups before marriage：The end of 103 affairs. *Journal of Social Issues*, **32**, 147-168.
警察庁（2015）．平成26年度警察白書
栗林克匡（2008）．恋を失う　加藤　司・谷口弘一（編）対人関係のダークサイド　北大路書房　pp.89-102.
増田匡裕（2001）．以前の恋人との友人関係（PDR）と新しい恋愛関係の交渉と葛藤についての探索的研究—対人関係の正当性に関するフォーク・サイコロジー—　日本社会心理学会第42回大会発表論文集，250-251.
山口　司（2011）．恋愛関係崩壊後の関係における交際内容に関する研究— Post‐datig relationship と恋愛関係，異性友人関係との比較—　北星学園大学大学院論集，**14**，47-60.
山口　司（2015）．恋愛関係崩壊後の関係についての個人別態度構造分析　北星学園大学大学院論文集，**18**，77-85.
山口　司・今川民雄（2008）．恋愛関係崩壊後の関係形成に影響を及ぼす要因について（2）　日本社会心理学会第49回大会論文集，582-583.
山口　司・今川民雄（2010）．PDRにおける行動特性としての親密性の検討—恋人関係と異性友人関係との比較を通じて—　対人社会心理学研究，**10**，163-168.
内閣府（2013）．平成25年度版人口動態統計年報

8．ユーモアと笑いと健康

8-1．ユーモアについて

　もう何十年も前になります。ちょっと古過ぎると「笑われ」そうですが，ユーモアということで思い出したことを書きます。北野武がビートたけしとして，ツービートでMANZAIをしていた頃です。かの有名な（だった？）「赤信号，みんなで渡れば怖くない」の言葉を聞き，にやりと笑ったことを憶えています。何がおかしかったのでしょうか。おそらく前後の文脈があり，その流れでのおかしさだったと思われますが，前後は憶えていません。このビートたけしの言葉はユーモアなのでしょうか。

8-2．ユーモアの心理学

　上野（1992）は，ユーモアを「おもしろさ，おかしさという心的現象を示すもの」，**ユーモア刺激**を「ユーモアを引き起こす個々の刺激事象」，**ユーモア表出**を「ユーモア刺激を表出すること」，**ユーモア感知**を「ユーモア刺激を感知すること」とそれぞれ定義しています。筆者がビートたけしの言葉を聞いて，にやりと笑ったことが「おかしさ」の表現とすれば，「赤信号〜」はユーモア刺激であり，ユーモア現象が起きたと言えましょう。

　また上野（1992）は，ユーモア表出を動機づけという点から，**遊戯的ユーモア**，**攻撃的ユーモア**，**支援的ユーモア**の3つに分類しています。遊戯的ユーモアは，陽気な気分，雰囲気を醸し出し，自己や他者を楽しませることを目指して表出されるユーモア刺激によって生じるユーモアです。また，攻撃的ユーモアは，他者攻撃を目指して表出されるユーモア刺激によって生じるユーモアです。先ほどの「赤信号〜」は，字義どおりに公のルールを破る行動を合理化する内容と受け取れば，攻撃的ユーモアに入りそうです。支援的ユーモアは，自己や他者を励まし，勇気づけ，許し，こころを落ち着けさせることを目指して

表出されるユーモア刺激によって生ずるユーモアです。

　さらに上野（1993）は，人がどのようなユーモアを好み，楽しみ，表出するかといった態度を**ユーモアに対する態度**と定義して，その多面性を実証的にとらえる研究を行っています。その結果，**遊戯的ユーモア志向**と**攻撃的ユーモア志向**の2つの態度が認められました。遊戯的ユーモア志向は，「遊戯的なユーモアやユーモア刺激に対する好みや行動，そしてこれらのユーモア刺激の表出や感知のためある積極的な笑いを引き起こすことに関する」態度を意味します。また攻撃的ユーモア志向は，「ユーモアやユーモア刺激の中でも攻撃性を含むものに関する」態度を意味します。しかし，支援的ユーモアに関する態度は因子としてまとまりませんでした。

　ところで朝野ら（2003）によれば，3つのユーモアに対する態度のうち，抑うつ傾向に影響しているのは支援的ユーモア志向のみでした。つまり，支援的ユーモア志向の高い人は抑うつをあまり感じない傾向にあり，精神的に健康であることになります。因果関係はこれの逆の可能性もあります。抑うつ的でない人ほど，支援的ユーモアを志向する態度が強いということかもしれません。

　また，塚脇・平川（2012）は，ユーモア表出の動機とユーモア表出との組み合わせが，心理社会的健康に影響しているかどうかを検討しています。具体的には，攻撃的ユーモア，自虐的ユーモア，遊戯的ユーモアの3つタイプのユーモア表出について，5つの動機（関係構築，印象操作，他者支援，自己支援，不満発散）を実現するためにどのくらい使うかを尋ねました。他方，心理的健康の程度を測るものさしとして，自尊心の高さ，ホープ（希望）尺度，不安と抑うつ尺度，気分（日本語版PANAS），主観的幸福感の5つの尺度を取り上げ，社会的健康度をソーシャル・サポートの量と対人信頼感尺度，孤独感尺度で3つの尺度で測定しました。その結果，ユーモア表出の動機とユーモア表出のタイプの組み合わせは，心理社会的健康と一義的な関係にはありませんでした。つまり，ユーモアを表出する時の動機や，どのようなユーモアを表出するか，あるいはその組み合わせは，直接に心理的な健康を高めたり低めたりするわけではなさそうだということです。

　ところで塚脇ら（2012）では，ユーモアを表出する人の心理的健康を扱っています。また上野（1993）のユーモアに対する態度ではユーモアの表出とどの

ようなユーモアを好むかは一緒に扱われています。分析結果が一緒になったということで「態度」と呼んだのだろうと思われます。とはいえ，私たちの中にはユーモア表出を得意とする人もいれば不得手である人もいます。また，ユーモアの表出が得意ではなくともユーモアを楽しむ人もいます。この違いがこころの健康とどう関わるのかについても知りたいものです。塚脇ら（2012）は，そのことについて触れて，「このようなユーモアの感知に関する個人差と心理社会的健康との関連を詳細に検討していくことも必要であると考えられる」と述べています。

8-3．ユーモアと笑い

さて，ユーモアは「おもしろさ，おかしさという心的現象」です。おもしろかったりおかしかったりした時，私たちはまず笑うでしょう。冒頭に挙げたビートたけしのセリフでも，筆者は思わず「にやりと笑った」と書きました。笑いとユーモアは同じものと考えていいのでしょうか，それとも別物なのでしょうか。三宅と横山（2000）は，笑いが健康に及ぼす影響についてまとめています。その中で笑いが，短期間とはいえ身体や心に良い影響を及ぼすことが明らかになっていると結論しています。そのうえで「笑いとユーモアは，しばしば同義語として使用され，笑いとユーモアは，定義し分けることは難しい」と述べています。今後研究を進めていくうえでは，笑いやユーモアをどう定義したり測ったりするかが，重要な課題の1つだとも述べています。

8-4．ユーモアと魅力

ところで，話は変わりますが，ユーモアを表出する人は，どう受け取られているのでしょうか。興味深いデータがあります。京都教育センター発達問題研究会（2003）の調査では，「あなたの好きなタイプの友達はどれですか？」という質問を，小学3年生から中学3年生までの661人にしています。その報告によると，女子では「やさしい」がトップで，僅差で「明るい」と「おもしろい」が続いています。男子では「おもしろい」がトップで「明るい」と「元気いい」が続いています。男女を合わせると「おもしろい」がトップになります。学年が上がると，「おもしろい」を選択する率が高くなるようで，小学生で

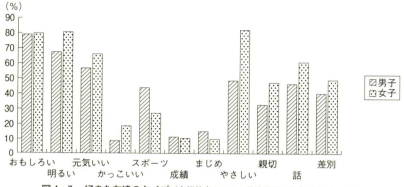

図4-7. 好きな友達のタイプ（京都教育センター発達問題研究会（2003）より）

「おもしろい」を選択した割合は79％ですが、中学生では93％に上昇します。この調査では、直接ユーモア表出について尋ねているわけではありません。とはいえ、友達の好きなタイプのトップに「おもしろい」友達が挙がっていることは、ユーモアを表出することの魅力の一端が示されているように思えます。年齢に応じて、ユーモアに対する魅力が変化し、その影響も変わっていくのかもしれません。

◆◆引用文献◆◆

朝野　聡・物部博文・中山勝廣・松浪慎介・鎌田英爾（2003）．ユーモアに対する態度と精神的健康関連性　工学院大学共通過程研究論叢, 40(2), 67-76.

京都教育センター発達問題研究会（2003）．子どものコミュニケーション能力に関するアンケート」調査報告書　< http://www.kyoto-kyoiku.com/hattatu/yuujin.htm >

三宅　優・横山美江（2000）．健康における笑いの効果の文献学的考察　岡山大学医学部保健学科紀要, 17, 1-8.

塚脇涼太・平川　真（2012）．ユーモア表出及びその動機と心理社会的健康　パーソナリティ研究, 21, 53-62.

上野行良（1992）．ユーモア現象に関する諸研究とユーモアの分類化について　社会心理学研究, 7, 112-120.

上野行良（1993）．ユーモアに対する態度と攻撃性及び愛他性との関係　心理学研究, 64, 247-254.

9．外見という自己呈示

9-1．見た目で選んで何が悪いの！

　「見た目で選んで何が悪いの！」と「校長先生？」に主張するコマーシャルを憶えていますか。1995年のコダックのコンパクトカメラのCMでの牧瀬里穂のセリフでした。今から20年も前のことです。筆者にとってはその続きのコマーシャルで「見た目で選んでよかったじゃん」と，牧瀬里穂が結婚式を挙げる二人に言うセリフの方がショッキングでした。何でショックだったのでしょうか。コンパクトカメラの宣伝という文脈から離れた時，「見た目で選んで何が悪い！」といういわば「開き直り」ともとれそうな表現からさらにすすんで「見た目で選んでよかったじゃん」という，それまでは暗黙のうちにこころの中でしか思っていなかったことを，人を判断する新たな基準として表明したと受け取れたからです。これは筆者のまったくの勝手ですが，この1995年を「自己呈示元年」とでも言いたいような気持を抱いたものでした。「外見は大事だ！」という宣言に思えたのです。それまでの社会心理学の研究でも「外見」の持つ影響力については「**対人魅力**」という分野で取り上げられてきました。それはあくまで「魅力」という文脈でした。

9-2．外見の魅力ということ

　もう一度CMに戻りましょう。対人魅力，つまり人は他者のどのような特徴に魅かれるのでしょうか。**外見の魅力**は，魅かれている当人がそうと意識しているとはかぎりません。あるいは意識しているとしても，魅かれているのが外見だけだと表現することには，何がしかの抵抗があるかもしれません。「見た目で選ぶ」宣言がCMの中で取り上げられたのは，それを作成する側には，そうした意外性で視聴者を引き付けようという意図があったかもしれません。

　しかし，意外性だけではCMが注目を浴び，記憶に残ることにはならない

のではないでしょうか。見る人のこころに訴える何かが含まれていると考えられます。「見た目で選んで何が悪いの！」という表現には，見た目には様々な情報が含まれているという見方が示されています。もちろん，何を目的にして「選ぶ」のかによって，必要な情報は変わるでしょう。しかし考えてみれば，「お見合い」によって結婚相手を決めるというシステムと比べて，「見た目で選ぶ」というやり方が劣っていると言えるかどうかは，結婚が持つ社会的意味が変化してきた以上，実は微妙なのかもしれません。そして，「見た目で選ぶ」行動は，人が「見た目」に様々な自己アピールをこめるようになったという暗黙の信念によって成立しているのだと思えます。

9-3．外見は印象に影響する？

　では外見のどのような特徴が，その人についての印象にどの程度影響するのでしょうか。好き嫌いへの直接の影響ではありませんが，「顔（写真）」「声（録音）」「体格（Ｔシャツとジャージ姿の首から下）」「服装（当日の服装をハンガーにかけた写真）」という4つの手がかりのそれぞれが，その人の外見全体（自己紹介程度の話をする場面の全身をビデオ撮りする）の印象にどのくらい影響しているかを検討した研究があります。廣兼と吉田（1984）による研究です。彼らは，印象をつくり上げる相手が男性か女性かによって，外見の手がかりの影響が異なることを明らかにしました。相手が男性の場合は顔の印象の影響が強く，相手が女性の場合には声の印象が強く影響していると言うのです。図4-8に結果を示してあります。この棒グラフで，平均相関係数が高い方が，全体の印象への影響が強いことを意味しています。廣兼ら（1984）の結果は，男性は顔と声による，女性は声による全体印象への影響の強さが見てとれます。この結果には首をかしげる読者の方も多いのではないでしょうか。結果が間違っていることはないのですが，なんでこのような結果になったのか釈然としないということです。その理由について筆者は考えたすえ，顔の印象の手がかりとして写真を用いた（廣兼ら，1984）ことが影響しているという仮説にたどり着きました。男性よりも女性の方が表情の変化に富んでいるのではないかということです。そこで，顔手がかりを「写真」ではなく，全身を撮る際に顔も同時に撮影して手がかり刺激として用いる実験をしてみました（今川・中村，

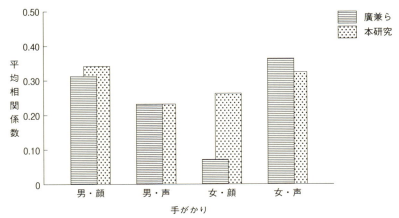

図4-8. 刺激人物の印象への手がかりの優位性の比較（今川・中村, 1994）

1994)。その結果は、ある意味では予想どおりでした。女性に対する顔の刺激による全体印象への影響が、声とほぼ同等になったのです（図4-8の本研究の値を参照）。それでも、声の印象が全体印象へ及ぼす影響力は顔の影響力とほぼ同等でした。他方廣兼ら (1984) によると全体印象は、「体格」や「服装」とあまり関係がなかったという結果は興味深いと思われます。

つまり私たちが「外見」という時、実はその人の「顔」あるいは「頭部」と、話し方やイントネーションなどを含んだ「声」を情報源にしていると考えられるからです。

9-4. それでも外見にこだわると・・・。

ここで「顔」と「声」で自己呈示することを考えてみましょう。「顔」についての印象は「化粧」によってある程度コントロールが可能ですし、特に女性の場合、化粧は様々な理由で行われています（大坊, 2001）。つまり「顔」は自己呈示の重要な側面と考えられているようです。他方「声」についてのコントロールは「顔」程意識されていなさそうです。顔は鏡あるいは同じような機能を持つ道具によって日常的に「見る」ことができるのに対し、「声・話し方等」は録音でもしないかぎり、鏡を見るようには「聞く」ことは、日常的にはないからです。つまり、日常的に「見る」ことができる側面は、外見として自

己呈示の対象になりやすいということでしょうか。

　そう考えてみると，廣兼ら（1984）では全体の印象にはあまり影響していないとされた「体格」と「服装」はどうでしょうか。「体格（体型・体形）」も「服装」も，「顔」と同様に日常的に見ることができます。ですから，実際に全体の印象にどの程度影響力を持っているかどうかにかかわらず，自己呈示の機能を担っていると考えられます。就活のために大学生が皆同じようなスーツ姿を採用するのは，まさに服装に関する自己呈示の典型例と言えるでしょう。

　では体型はどうでしょうか。社会実情データ図録（http://www2.ttcn.ne.jp/honkawa/index.html）によると，いわゆる肥満の指標であるBMIは，男性の場合，1947年から2013年に向けて，年代によって（20代から60代まで）多少の違いはありますがほぼ右肩上がりで，21くらいから24くらいへと上昇しています。しかし女性の場合は年齢による違いが大きく，20代は基本的に減少傾向，それ以上の年代も1970年から2000年にかけてピークを迎え，その後減少傾向を示しています。その結果女性の2014年の各世代のBMIは，ほぼ21から23の間に入っています。様々な社会的要因が影響していることとは思いますが，「痩せ」体型を目指すのも自己呈示と考えることができます。しかし自己呈示はあくまで，人との関わりの中で意味を持つことを忘れないことが大切なように思います。

◆◆引用文献◆◆

大坊郁夫（編）（2001）．化粧行動の社会心理学　北大路書房．
廣兼孝信・吉田寿夫（1984）．印象形成における手がかりの優位性に関する研究　実験社会心理学研究, 23, 117-124.
今川民雄・中村和彦（1994）．印象形成における視覚的手がかりと聴覚的手がかりの優位性について　北海道教育大学紀要（第Ⅰ部C）, 44, 57-72.
社会実情データ図録（2015）．日本人の体格の変化（BMIの推移）（1947-2013）
　　＜http://www2.ttcn.ne.jp/honkawa/index.html＞

10. 社会的アイデンティティと関係的自己

10-1. 社会的アイデンティティ理論とは

　人は，集団の中で生まれ，さらに複数の集団の中で成長していきます。ここでの集団とは，人が複数集まっていて，集まった人々の間に関わり合いがある人々の集まりを意味しています。家族から始まって，学校や企業や，NPO団体や町内会や，人と人とが様々につながって力を合わせあうところに集団は無数にでき上がります。がっちりと組織やルールができ上がっている集団もあれば，その場その場でメンバー同士が対応を決めていくような，緩いつながりの集団もあります。**社会的アイデンティティ理論**は，自己を特定の集団メンバーとして**カテゴリー化**し，そしてその集団に対して**同一化**する時，自己の集団（**内集団**）成員やそれ以外の集団（**外集団**）成員についての認知や対応，内集団のメンバーとの関係によって受ける影響の過程などを説明する理論（Hogg & Abrams, 1988）です。ここでのカテゴリーとは，年齢・性別・職業・居住地域・国籍あるいはもっと具体的に，○○家・××会社・△△市民など，日常私たちが所属している集団のことを指しています。

　たいていの人は複数のカテゴリーに属していて，今どのような状況の中で，どのような人々と関わっているかによって，どの社会的アイデンティティが優位になるか，つまりより強く意識されたり振る舞いに影響したりするかは，その人なりにある程度自動的に決まってきます。例えば筆者は大学で職を得ていますが，他の大学の教員とそれぞれの大学について話をするような時に，自分が勤務している大学の成員であることを自覚します。また大学の中で他学部の教員と一緒に話し合いの席にいると，自分の学部を意識する時があります。自分についてのカテゴリーが意識されると，そのことによってカテゴリーに含まれる人とそうでない人の区別がはっきりしてきます。カテゴリーにともなう内集団と外集団の分化と言われる現象です。自分が属する集団を内集団，それ以

外の人々を外集団ととらえるわけです。

10-2. 社会的アイデンティティの獲得

　私たちは家族の中に生まれた時から，家族のメンバーとなります。保育所や幼稚園，小学校，中学校と，所属する集団は増えていきますから，自分にとっての内集団が状況に応じて変わることになりますし，メンバーであることが重要と思われる内集団も変化していくことでしょう。つまり自分についてのカテゴリー化が増えていくことになります。それぞれの集団がその人にとっての社会的アイデンティティを表すことになります。とはいえ，集団に対する同一化の程度は人により集団によって異なるでしょう。人によってその社会的アイデンティティがよりその人に影響するかが異なってくることになります。そして，現在所属していなくても，将来そのメンバーになりたいという希望は，その人に影響することが十分想像できます。受験勉強とか就活とかには，そうした社会的アイデンティティの持ち方が関わってくるでしょう。

　例えば，テロ組織として位置づけられている"IS（Islamic State）"についても，社会的アイデンティティ理論から理解することができます。社会的アイデンティティ理論では，「自己を集団メンバーとしてカテゴリー化し，その集団に同一化」することが社会的アイデンティティが成立する条件と考えます。「自分をISのメンバーだとみなし，あるいはメンバーであることを強く望み，"IS"のメンバーであるかのように考えたり振る舞ったり」する人は，ISとしての社会的アイデンティティを持っていて，"IS"に関する様々な情報に敏感になり，そうした情報を取り込みやすくなりますし，その影響を強く受けることにもなるでしょう。このように社会的アイデンティティ理論では，特定の集団のメンバーであることだけでなく，自らをどの集団のメンバーであると認知するかが，その人の振る舞いに影響を与えると考えています。

10-3. 社会的アイデンティティと関係的自己

　ところで私たちは，家族と一緒に食事をしている時には，夫であることや妻であること，あるいは父親であることや母親であることを意識しやすいでしょう。中学や高校の同窓生の中では，学校時代の自分の立場を意識しやすいかも

しれません。また，仕事で人と会っている時は，自分の会社での立場を意識しやすいでしょう。こうした事情について考えてみると，複数の社会的アイデンティティのどれかが，置かれている状況に応じて**顕在化**（意識に上ったり振る舞いに影響したり）しやすくなることがわかります。

　田端ら（2012）は社会的アイデンティティが多様化している点に焦点を当てた研究をしています。その中で多様性を，「社会的アイデンティティとして参加者が所属する集団名あるいは集団内での自分の役割」について，回答者自身が重要視する所属集団（例えば，家族，大学，アルバイト先）や，役割関係（Aさんの恋人，B家の長女，C大学の学生）を，思いつく限り列記してもらうという方法で，社会的アイデンティティの多様性を測定しています。ここで後者の役割関係についての例では，「B家の長女」という表現が「B家」という家（集団）に関わる社会的アイデンティティをとらえたものと考えられますが，応答する学生にとっては，単に「Bという父親の娘」として親子関係を意識したものに過ぎないという可能性もあります。この場合，親との関係での自己，恋人との関係での自己，友人との関係での自己の有り様が，それぞれ異なるという自己の在り方のことを**関係的自己**と言います。関係的自己と社会的アイデンティティとは，「状況に応じて」働くという点は共通しています。しかし，社会的アイデンティティの働きの重要な点は世界の人々を内集団と外集団に分け，内集団の一員として自分を位置付けることにあります。他方関係的自己は，今一緒にいる相手に対する振る舞いが，相手に応じて変わるという事実を指しています。その際の自己の変化についてどのように考えているのかを検討した結果が表4-3（今川，2014）です。この「関係的自己変容尺度」は4つの因子からなり「無意図的変化」「好印象維持」「変化正当性」「変化違和感」と名前が付けられています。自分の振る舞い方が相手に応じて変わることについて，「当然だ」という考え方を表す「変化正当性因子」と，相手との関係をうまくやっていくことを目指している「好印象維持因子」が軸になっているように思われ，相手との関係を大事にする考え方が示されています。

　社会的アイデンティティも関係的自己も，状況の変化に応じて人の振る舞いが変化していくことについて説明する概念と言えます。社会が複雑になればなるほど，人の集団も多様化し，また対人関係も多様化するように見えます。田

表4-3. 関係的自己変容尺度の因子分析結果 (今川 (2014) より)

	因子				因子名とα
	1	2	3	4	
変化動機12自動的に変化してしまう	.870	－.159	－.050	.109	無意図的変化
変化動機26なんとなく変化している	.807	.019	.038	－.043	
変化動機8無意識に変化してしまう	.749	.026	.112	－.070	
変化動機20自然に変化してしまう	.672	.087	－.030	－.003	
変化動機4気づくと変化している	.626	.171	－.027	－.006	α＝0.87
変化動機25嫌われたくない	.086	.801	－.128	.023	好印象維持
変化動機22相手とうまくやっていきたい	.035	.799	.113	－.057	
変化動機9自分をより受け入れてほしい	.070	.795	－.112	－.097	
変化動機17場の雰囲気を壊したくない	.001	.715	.006	.073	
変化動機24自分をよく見せたい	－.136	.635	.076	.162	α＝0.869
変化経験14様々なタイプの人…変えること当たり前	－.053	－.087	.766	－.094	変化正当性
変化経験9相手に応じて変えるのは礼儀	.001	.026	.751	.113	
変化経験34変えるのは社会的スキル	.049	－.047	.749	.039	
変化経験24変えるのは社会的マナー	－.023	.112	.638	－.052	
変化経験3親しさが違うから変えて当然	.063	－.064	.603	－.012	α＝0.821
変化経験30演じている自分と求められている自分にズレ	－.110	.044	.070	.793	変化違和感
変化経験32変える自分に自己嫌悪	.015	－.122	－.233	.780	
変化経験17変えるとちがう自分が出てくるよう	.236	－.094	.040	.662	
変化経験15異なって振る舞う相手が一緒にいると違和感	－.132	.154	.023	.657	
変化経験23本当の自分と違う振る舞いを求められているように感じる	.073	.117	.108	.619	α＝0.832

(表中のαは,その因子の信頼性係数を表している)

端ら(2012)では,社会的アイデンティティの数と精神的健康との関連は見出されませんでした。彼らも指摘しているとおり,単純に数が多いか少ないかが重要なのではなく,関係的自己も含めて,複雑な自分の有り様をどう受け止めていくのかが大事なのではないかと思われます。

◆◆引用文献◆◆

Hogg, M. A., & Abrams, D. (1988). *A social identifications: Psychology of intergroup relations and group processes*. London: Routledge.（吉森 護・野村泰代（訳）(1995). 社会的アイデンティティ理論：新しい社会心理学の体系化のための一般理論　北大路書房）

今川民雄 (2014). 他者への振る舞いの変化を意識するときの違和感について　北海道心理学研究, 37, 27.

田端拓哉・向井有理子・宮崎弦太・池上知子 (2012). 社会的アイデンティティの多様性と調和性が精神的健康に与える影響——大都市部大学生の場合——　都市文化研究, 14, 70-79.

11. 日本人と中国人とのつながり

11-1. どうしてうまく伝わらないだろう

　日本と中国は近隣国として，あらゆる分野でつながりを持っています。しかし，周知のように近年日中関係は緊張状態が続いていており，関係の改善が求められています。そもそも関係の持ち方，つまり人とのつながりについて日本と中国のそれぞれのユニークな特徴があり，それを互いに意識することが大事だと思います。

　文化的背景とそれぞれの対人関係の有り様の特徴をとらえるために，母国の文化における交友関係や，そうした対人関係に影響を与えてきたと考えられる**親子関係**，さらに自己の在り方について考えてみたいと思います。

11-2. 親とのつながりを比較

　親は子にとって様々な影響の源であり，親と子の関係の有り様は人間関係の源でもあります。さらに親子関係は社会全体とのつながりを持ち，社会の影響を受けています。その結果として親子関係には文化による違いが生じると考えられます（中根，1973）。

　私が中国から来日して間もなく，初めて日本人の友人宅を訪問した際，次ののようなエピソードを経験しました。友人の父親が帰宅した際に，母親が「お父さん，先にご飯にしますか？　お風呂にしますか？」と話かけ，上座を指しながら「ここはいつもお父さんの席ですよ」と笑顔でご主人の食事を準備しました。筆者にとっては，驚くことばかりです。まず，何故友人の母親は父親のことを「お父さん」と呼び名前で呼ばないのか。そして，何故父親が一緒にご飯の準備をしないのか。またお父さんの席が上座に決まっていることも不思議でした。

　筆者は，こうした出来事をきっかけとして日中の親子関係の違いに関心を持

つようになったことから，現代の日中の若者は親をどのように認識しているのかについて調べてみました（王，2008）。その結果，日中の大学生ともに母親に受容されていると感じていますが，日本の大学生は父親と自己を心理的に区別して母親と近しく認知する傾向が示されました。日本では，母親が育児のメインで，父親の役割は外で働くことで家庭内にいる時間は限られています。一方で，中国では，夫婦共働きが普通で，育児は夫婦で平等に分担しています。当然，父親も子どもとの関わりが増え，子どもも父親に受容されていると感じ，信頼されるように感じやすいのではないかと思います。

このように**育児文化**から日本と中国が異なっていることは，子どもの発達とともに彼らの関係性の持ち方に影響を及ぼしていくと思われます。

11-3．友人とのつながりを比較

次に友人関係について取り上げてみましょう。よく中国の友人から「日本人って冷たいでしょう」と聞かれます。「そんなことないよ」と返事すると，「だって日本人って一人行動が多いでしょう」と言われました。そうか，確かに日本では友人同士で手をつないだり，腕を組んだりして歩く姿をあまり見かけません。それが中国人から見ると冷たく感じてしまうのでしょう。人とのつながりについては異なる文化であれば当然感じ方も違うと思います。

そこで大学生を対象に**友人関係**に関するアンケート調査を行いました（王，2009）。その結果，日中を問わず，深く付き合うことを避けたい傾向がみられました。つまり，人と距離を保ち，気持ちに深く踏み込みたくないという傾向は，日中の大学生において共通の特徴でした。一方で，日本の大学生の方が中国の大学生より友人への気遣いをしており，友人との交流をしたがる傾向があります。日本の大学生の付き合い方の特徴として「気遣い」（岡田，1993）や思いやりなどとよく言われていますが，この傾向は日本だけではなく，現代の中国にもみられ，しかも日本を上回る傾向がみられました。しかし，友人に気を遣いながら，友人と競争していることも意識しているのが現代の中国の特徴としてみられました。中国における「競争社会」「学歴社会」と言われる競争の激しさは，友人関係の在り方にも影響しているのかもしれません。

11-4．他者とのつながりと自己観

　ところで，親子関係の有り様や友人関係の有り様に違いがみられる日本人と中国人は，自分自身についてのとらえ方（**自己観**）でも違いがあるのでしょうか。異なる文化背景の自己観の在り方と対人関係の在り方について，西田（1994）は，独立志向の自己観が優勢の文化では，家族という集団が自分に関わりのある他のすべての集団より優先されるが，集団志向の自己観が優勢の文化では，自分の所属する会社や組織が最も優先されると述べています。また，異文化間の対人関係形成の困難を研究する際，パーソナリティや，母国にいた時の対人関係の形成・維持・発展に必要なソーシャル・スキルなどといった個人要因も検討すべきと指摘されているため（湯，2004），異文化における人とのつながりを考える際，文化的自己観は欠かせない概念だと思います。

　さて，「文化的自己観」は大きく2つに分けられています。マーカスと北山（Markus & Kitayama, 1991）によれば，それは「**相互独立的自己観**」と「**相互協調的自己観**」です。「相互独立的自己観」では，自己は周囲の人間と本質的に切り離された主体であるという認識を持ち，行動は主体から外界へ働きかけるもので，人間は基本的に自己の実現に向かうように動機づけられていると考えています。相互独立的自己観は，おもに自己に内在する様々な特性によって定義されます。

　一方で，「相互協調的自己観」とは，自己は周囲の重要な他者とつながっているという認識を持ち，行動は周囲の人間や状況に依存し，人間は集団の成員として調和を保つように動機づけられていると考える自己観です。相互協調的自己観は，主に周囲の重要な他者との関係に対して定義されます。

　一般に欧米の自己観は相互独立的であり，東アジアの自己観は相互協調的であるとされます。しかし，日本と中国は同じ東アジアに属しているとはいえ，果たして同じような自己観を持っているのでしょうか。

　王（2009）による比較研究の結果では，日本は普通の友人，親友，恋人への気遣いが両親への気持ちと関連がないのに対して，中国は両親への気持ちとつながっています。中国人の関係性は血縁関係重視，家族制度，儒家思想を中心とするという伝統的社会文化背景が関連していると思われます。

　また，中国の方が社会的評価を重視することも特徴的でした（図4-9）。中

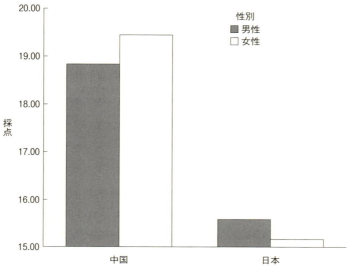

図4-9. 社会的評価について国および性別の平均値

国では自分ができるという自信や個性につながると受け取られているのに対して，日本では他者のどのような状況にも対応できる，と受け取られていると異なった受け止め方をしています。

11-5．よりスムーズにつながりを持つこと

　このように，すぐ隣国であり長いつながりがある日本と中国であっても，親子関係や友人関係や自己観が，微妙に異なっていることがわかりました。他方共通する点も多いことも明らかになりました。人とのつながり，特に異文化間のつながりをよりスムーズ，親密に展開するにはお互いの文化を認識し，多角的な視点で互いに理解し合って，つながりをつくっていくことが期待されます。

◆◆引用文献◆◆

Markus, H., & Kitayama, S. (1991). Culture and the self. Implications for cognition, emotion, and motivation. *Psychological Review*, 98, 224-253.
中根千枝 (1973). 親と子　東京大学出版会.
西田　司 (1994). 異文化と人間行動の分析　多賀出版.

岡田　努（1993）．現代青年の友人関係に関する考察　青年心理学研究, 5, 43-55.
湯　玉梅（2004）．在日中国人留学生の異文化適応過程に関する研究―対人行動上の困難の観点から―　国際文化研究紀, 10, 293-328.
王　怡（2008）．親子関係が青年期の自我発達上の危機へ及ぼす影響―日中比較研究―　北星学園大学大学院論集, 11, 71-91.
王　怡（2009）．日中大学生における交友関係の比較研究（１）―質問項目の因子分析による検討―　北星学園大学大学院論集, 12, 111-122.

おわりに

序

　本書の「はじめに」で，「戦後70年経ち，『人々のこころ』や『人々のつながり方』はどう変わってきたでしょうか。今その変化の最先端にいる私たちが，変化の有り様を考えてみたい」と書きました。そして戦後の変化として，少子高齢化，過疎化（都市化），核家族・1人世帯化，第三次産業化，女性の社会進出，高学歴化，ケイタイとコンビニの普及といった変化が起きていることを確認しました。そうした変化を念頭に置きつつ，本書では，多くの著者が様々な視点から多様なテーマを取り上げました。この間の環境の変化が人のこころの有り様や，人とのつながりの在り方に与えた変化を読み取っていただければ幸いです。全体として取り上げたテーマが異なっているにもかかわらず，似たような話の流れになることも起きました。ケイタイとインターネットが，今の人々のこころと，人とのつながり方について考える時，はずせないテーマであることが確認できた思いです。他方，別の視点からの人のこころや人とのつながり方の変化の様相も，多く取り上げられています。ここで，筆者は，本書で取り上げられたテーマを共通に理解することに役立ちそうな視点を2つ提供したいと思います。1つはギブソン（Gibson, 1979）のアフォーダンスという視点です。もう1つはマズロー（Maslow, 1970）の動機の階層論という視点です。

ギブソンのアフォーダンス

　最初に取り上げるのはギブソンの生態学的知覚理論の考え方です。ギブソンはアフォーダンスという概念を取り上げました。そして「環境のアフォーダンスとは，環境が動物に提供するもの，良いものであれ悪いものであれ，用意したり備えたりするもの」と定義しています。この定義でギブソンは，動物と環

境の相補性を指摘しているのです。例えば「大地の表面は，動物にとっては，よじ登れるもの，落っこちるもの，つかめるもの，突き当たりうるもの」を意味します。ただし動物の種類が異なれば，環境は別の行動をアフォードします。水面は，ミズスマシにとっては，その表面をすいすいと泳げることをアフォードしますが，人間にとっては，特に泳げない人にとっては，溺れることをアフォードするかもしれません。

　ところで人間は，環境を変えてきました。ギブソンはその理由を「食物を得やすく，暖を取りやすく，夜でも見やすく，動き回りやすく，子孫を教育しやすくしてきた」と述べています。つまり人間は，自分たちがより生きやすくなるように環境を変えてきたと言っていいでしょう。ただし，ギブソンによれば，自然環境と人工環境があるわけではないと言います。人間と環境の関係がアフォーダンスを通じてつながっていることについては，何も変わらないと考えています。SNS利用者が増えようとケイタイが普及しようと，それもまた人間を取り巻く環境の一部に他ならないというわけです。そしてギブソンは，「有益や有害，安全や危険，プラスやマイナスのアフォーダンス，これらはすべて観察者との関係において決まる対象の特性であって，観察者の経験の特性ではない」と言います。つまりアフォーダンスは主観的価値ではないのです。環境を変えれば，それに応じたアフォーダンスを人間は引き出します。あるいは環境から特定のアフォーダンスを引き出すために，環境を変えます。その結果変わった環境が，変えた人間の思惑どおりのアフォーダンスを提供するとは限りませんし，また他の人間は異なったアフォーダンスを引き出すかもしれません。ケイタイは人とのつながりをアフォードするかもしれませんし，様々な情報をアフォードするかもしれません。アフォーダンスは，観察者と環境との関係性において決まる対象の特性なのです。この70年間の様々な変化は，人を取り巻く環境の変化を反映していますが，同時に，人と環境との関係の変化でもあるのかもしれません。もちろんその環境の中には人もケイタイもインターネットも含まれています。

マズローの欲求階層理論

　次に取り上げるのはマズローです。彼は動機の階層論（図1）を主張してい

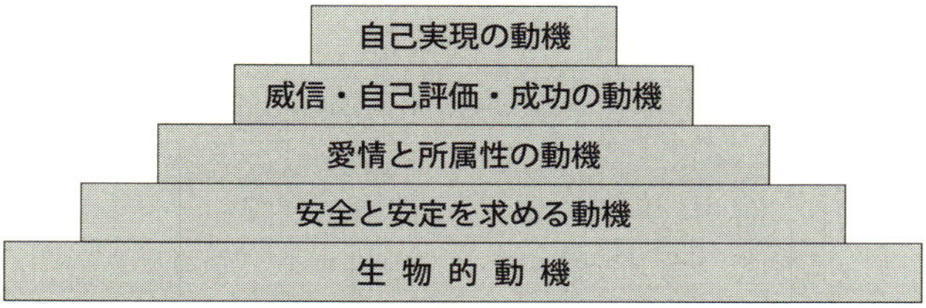

```
┌─────────────────────────┐
│      自己実現の動機       │
├─────────────────────────┤
│  威信・自己評価・成功の動機  │
├─────────────────────────┤
│    愛情と所属性の動機      │
├─────────────────────────┤
│   安全と安定を求める動機    │
├─────────────────────────┤
│       生 物 的 動 機       │
└─────────────────────────┘
```

図1．マズローの動機の階層（今田ら（2003）より）

ます。そして彼の主張の興味深い点は，より下層の動機はより上層の動機よりも行動に影響を与える力が強いが，その動機が十分に充足され続けると，より上層の動機が行動に強い影響を与えるようになるという考えです。現代日本社会は，街にコンビニがあふれ，食べ物には苦労しない時代になっています。そして安全で安心な社会がある程度実現しています。すると，次は「愛情と所属性の動機」の番です。そしてその次に控えているのは「威信・自己評価・成功の動機」です。例えばインターネット上の「いいね」ボタンは，この2つの動機とつながっていて，「認めてほしい」気持ちの端的な表れに思えてなりません。第1章から第4章までの様々なテーマは，このマズローの「愛情と所属の動機」と「威信・自己評価・成功の動機」の間を行ったり来たりしているように思えてなりません。インターネット環境が，これらの動機を充足する機会を，格段と広げたと思われます。そして現在，「愛情と所属の動機」についてと「威信・自己評価・成功の動機」について，十分に充足され続ける状況にいる人と，そうでない人が入り混じっているように思われます。つまり多くの人にとって，社会的に「愛情と所属の動機」と「威信・自己評価・成功の動機」が充足され続けることを保証するような社会的環境が，十分に整っていないということかもしれません。

おわりにのおわりに

本書は，3人の編著者と15人の執筆者が分担して書き上げました。執筆者たちは現在心理臨床の領域で仕事をしている者が多数いますが，社会心理学領域で活躍している者もいます。いずれも，人のこころや人とのつながりに目を向けつつ仕事をしています。その執筆者たちもまた読者の皆さんと同様，人のこ

ころと人とのつながりの変化の波頭にいます。ですから本書は，変化のさなかにいる筆者たちが，気付いた変化を振り返ってみた景色ということもできるでしょう。そうした景色が読者の皆さんに，何がしかの感慨を引き起こすことができればと思っています。最後になりましたが，筆者たちのこうした試みを最初から最後まで見守って下さったナカニシヤ出版の宍倉由高さんに感謝の気持ちを書かせていただいて筆を置きます。

編　者

◆◆引用文献◆◆

Gibson, J. J. (1979). *The ecological approach to visual perception*. Boston, MA: Houghton Mifflin.（古崎　敬・古崎愛子・辻　敬一郎・村瀬　旻（共訳）(1985). ギブソン生態学的視覚論　ヒトの知覚世界を探る　サイエンス社.）

今田　寛・賀集　寛・宮本　洋（編）(2003). 心理学の基礎（三訂）　培風館.

Maslow, A. H. (1970). *Motivation and personality* (revised ed.). New York: Harper & Brothers.（小口忠彦（監訳）(1971). 人間性の心理　産業能率短期大学.）

索　引

人名索引

A
Abrams, D.　182
安達智子　39-41
赤澤順子　129
安藤清志　23, 150
安藤孝敏　81
浅川達人　81
朝野　聡　175
薊　理津子　33

B
Baum, A.　100
Beck, A. T.　113, 161
Boss, P.　104
Bowlby, J.　104, 116, 118
Buss, A. H.　89

C
Caplan, G.　142
Carver, C. S.　161, 163
Collins, D. L.　100
Cooley, C. H.　24

D
大坊郁夫　23, 25, 165-167, 180
出口拓彦　46

E
Emery, G.　161
Erikson, E. H.　89
遠藤由美　162

F
Flamary, R.　104
Flugel, J. C.　22

Folkman, S.　99-100
Frieze, I.　161
藤井恭子　64
藤澤　文　33
藤田綾子　82
深見輝明　78

G
Gibson, J. J.　193-194

H
Hall, E. T.　10
Harvey, J. H.　103-104
Hogg, M. A.　182
Hill, C. T.　171
原田知佳　35-37
橋本　剛　62-64
林　文俊　62
平川　真　175
廣兼孝信　179-181
久田　満　123
細越寛樹　162

I
池内裕美　28, 104
今田　寛　195
今川民雄　133, 148, 179-180, 184-185
井上忠司　11-13
石橋智昭　81
石井健一　60-61
伊藤順一郎　125
岩元澄子　62, 64
岩男寿美子　23
岩佐信道　51
岩下久美子　18

伊澤冬子　162

J
Jourard, S. M.　147

K
Kitayama, S.　189
Klass, D.　105
上出寛子　166
梶田叡一　156-157
神田橋條治　135
加藤　司　75-78, 100
川浦康至　15-16, 59
北折充隆　45
小堀尋香　129-131
児玉好信　81
小玉正博　162
小枝貴子　114
古谷野　亘　81
久保真人　109
熊野宏昭　98
蔵本信比古　125
藏本知子　63
栗林克匡　75, 104, 169
黒崎充勇　75

L
Lazarus, R. S.　99-100

M
Maathai, W.　27
Maier, S.　161
Markus, H.　189
Maslow, A. H.　193-195
Morgan, M.　104
前田　潤　139

前田尚子　82
前野隆司　166
牧　亮太　48-49
牧瀬理保　178
槇島敏治　139
丸山利弥　148
増田匡裕　169
松田美佐　56, 153
松井　洋　37
松井　豊　23, 72-73, 129-130, 152
松本直仁　166
松永真由美　62, 64
松永しのぶ　82
松尾和美　19-20
光元和憲　135-136
三浦香苗　19
三宅　優　176
宮下一博　62, 75
溝上慎一　31-32
本川達雄　44
向田麻衣　25
村瀬嘉代子　95

N
Nickman, S.　105
永房典之　33
中村和彦　179-180
中根千枝　187
中里至正　37
中山満子　67
新美明夫　56-57
西田　司　189
西村昌記　81
西沢　哲　118
野邊政雄　81

O
落合良行　64
小川知美　122
小川俊樹　19-20
尾木直樹　85
岡田　涼　126
岡田　努　62-64, 188

小此木啓吾　103
尾上恵子　58
大盛久史　100
大嶽さと子　63, 66
大谷佳子　114

P
Peterson, C.　161
Raphael, B.　138
Rush, A. J.　161

S
Scheier, M. F.　161, 163
Schlenker, B. R.　158
Schut, H.　105-106
Seligman, M. E. P.　160-162
Selye, H.　98
Shaw, B. F.　161
Silverman, P. R.　105
Singer, J. E.　100
Snyder, M.　159
Stroebe, M. S.　105-106
齊藤万比古　125
斎藤　環　125
桜井茂男　114
佐々木　淳　33
佐藤広英　32-34
沢崎達夫　76
鹿野　司　78
島津明人　99-100
冷水啓子　44, 46
下村英雄　42
信野良太　143-145
園田明人　162
菅原健介　33
菅原奈緒　59-60
鈴井江三子　132

T
Teicher, M. H.　118
太幡直也　32-34
田端拓哉　184
高木　修　22

高橋絵梨子　46
竹内友里　129
田中　敦　128
田中豪一　100
湯　玉梅　189
谷田瑞歩　15-16
丹野宏昭　81
戸田まり　100
富安俊子　132
遠矢幸子　153
藤南佳代　162
塚脇涼太　175-176

U
上野千鶴子　21
上野行良　174-175
海野裕子　19
艮　香織　129-131

W
Weiner, B.　161
Westin, A. F.　31-32
和田　実　62
若尾良徳　74
和気純子　82
王　怡　188-189
渡辺　舞　153

Y
山田ゆかり　81
山口　司　75, 170-171, 173
山本真理子　23
山岡もも　82
やましたひでこ　27-28
山下清美　14-16
柳田邦男　138
横張　梓　86
横山美江　176
吉田圭吾　31-32
吉田俊和　35-37, 46
吉田寿夫　179
吉澤寛之　35-37

事項索引

数字/欧文

2.5人称⇒被災者支援　138
DV（ドメスティック・ヴァイオレンス）
　　129-132
　　　　──防止法　131
　　　　デート──　129-132
　　　　配偶者間の──　131
GREE　59-61
LINE　59-61,90
mixi経験　60
mixi尺度　58-61
Mobage　59-61
PDR　169
PTSD　101
SNS　34,58-61,62,133,147,170,194
Twitter　59-61,90
well-being　165-168

あ

愛着（母子）　116
愛着理論　116
アイデンティティ　23,106,182-186
　　　　社会的──　182-186
アウトリーチ⇒ひきこもり支援　128
アフォーダンス　193-194
新たなコミュニケーション　55
暗黙のルール⇒私語　44
育児（子育て）　66-70,112
　　　　──文化　188
　　　　──ストレス　67,101,112
居心地　122-123
一回性⇒電話相談　133-134
いのちの電話　54,94
居場所　120-121
　　　　──感　120-124
印象　23,54,86,89,160,175,179-181,
　　184-185
　　　　──操作　175
インターネット　14,17,31,34,66,134,147,
　　156,158,170,193-195

ウェブ（Web）サイト　14,58
うち　12
うつ病　113
臆病（関係に）　88-91
おひとりさま　18-21
親子関係　187,189
親子共依存　85
親と子　84-87

か

外見　178-181
介護ストレス　101
外在的視点⇒自己　156-157
外集団⇒社会的アイデンティティ理論　182
外傷後ストレス障害（PTSD）　101
改訂学習性無力感　161
回復志向プロセス⇒対象喪失　105-106
快楽志向　166
顔⇒外見　179-181
抱え環境⇒電話相談　135
書き手⇒ブログ　15
　　　　──の指向性⇒ブログ　15
学習性無力感　161
かけ手主導性⇒電話相談　133
家族類型別世帯構成　3
片思い　75
形見　104
カタルシス　148
活動理論⇒高齢者⇒離脱理論　80
カテゴリー化⇒社会的アイデンティティ理論
　　182
関係性の象徴的機能　104
関係性の初期分化現象　152
関係性の調整⇒自己開示　150
関係の自己⇒社会的アイデンティティ理論
　　183-185
関係の自己変容　184-185
関係の進展⇒大学生の恋愛行動　72
看護師⇒被災者支援　137-140
完全主義⇒抑うつ　113

索引

疑似親密性　133, 136
気遣い関係⇒友人関係　63
規範的態度⇒自己中　48-51
客我　157
虐待　67, 69, 116-119
急性ストレス反応　100
共依存　85
鏡映的自己　24
グリーフワーク　105
継続する絆　105
ケイタイ　10-13, 54-57, 156-159, 194
　　　　――電話帳上の登録人数　56
　　　　――の普及率　7
　　　　自己呈示と――　158-159
結果期待⇒フリーター　40-41
顕在化（意識の）　184
公　12
公開日記型⇒ブログ　15
後期高齢者　79
攻撃的ユーモア　174-175
　　　　――志向　175
貢献承認⇒フリーター　40-41
公的空間　11-12
行動の客体　156-157
行動の主体　156-157
高齢者　79-83
　　　　――観　79
　　　　――の社会的孤立　82
高齢フリーター　42
声⇒外見　179-180
コーピング（ストレス）　99
　　　情動焦点型――⇒ストレス　100
　　　問題焦点型――⇒ストレス　100
こころの居場所　120-124
こころのケア　138
個人情報　31
孤独⇒抑うつ　112-113
孤独感　175
子どもの期待する治療者像　95
子離れ　85
コミュニケーション
　　23, 54-55, 58-60, 62, 90, 114-115, 126-128,
　　133, 147, 158-159, 167, 169
　　　　新たな――　55

　　　　対人――　114-115
　　　　匿名での――　55
コミュニティ　58, 69
孤立化⇒燃え尽き　110
コンビニエンスストア　7

さ
災害サイクル　138
産業別就業者構成　4
私　12
自意識　89
支援（被災）　92-95
支援性⇒ママ友への役割期待　67
支援的ユーモア　174
支援プロセス　92
私語　43-47
　　　　――を促進する要因　44
　　　　――を抑制する要因　44
自己　156-159, 183
　　　　――愛　132
　　　　――意識　157
　　　　――概念　157
　　　　――観　189
　　　　文化的――　189
　　　　――顕示　22
　　　　――受容⇒失恋　76
　　　　――信頼感　143
　　　　　　――成長　142-146
　　　　　　――感　143-144
　　　　――中　48-51
　　　　――とケイタイ　158-159
　　　　――洞察　25
　　　　――表現⇒ブログ　16-17
　　　　　　――爆発⇒ブログ　17
　　　　――明確化　149
　　　　――モニタリング　159
自己開示　147-151
自己呈示　23, 158-159, 178-181
私語に対する態度　43
自殺　25, 113
自尊心　23
失恋⇒対象喪失　75-78, 104
失恋⇒元カレ/元カノ関係　169-173
　　　　――からの立ち直り　76

——後の心理的変化　75-76
私的空間　11
児童虐待が脳に残す傷　118
自分がだめになってしまうような感覚　108
ジベタリアン　12
シャイネス　89
社会貢献⇒well-being　166
社会的アイデンティティ理論　182-186
社会的影響性の認知⇒社会的迷惑　35
社会的規範　48
社会的合意性の認知⇒社会的迷惑　35
社会的孤立⇒高齢者　82
社会的資源⇒被災支援　93
社会的（ソーシャル）スキル　90,125-126
社会的促進⇒化粧の機能　25
社会的ひきこもり　125-128
社会的迷惑　35-38
尺度
　　mixi経験——　60
　　関係的自己変容——　184-185
　　孤独感——　175
　　対人信頼感——　175
　　不安と抑うつ——　175
　　プライバシー意識——　32-33
　　プライバシー志向性——　31-32
　　ホーディング傾向——　28-29
　　ホープ（希望）——　175
　　友人関係——　62
主我　157
　　——意識　157
受動的なひとり　19
情緒的機能⇒形見　104
情緒的サポート　81
情動焦点型対処⇒ストレス　100
女子会　71
女性の年齢階層別労働力率　5
ジョハリの窓　167-168
自律性⇒ママ友への役割期待　68
進学率　5-6
人口の変遷　1-2
親密化　152-155,166
　　——過程　152-154
心理的居場所感　122
心理的距離　64

心理的ストレス　99
スクールカウンセラー　108
ストレス　98-101,142-143,148,166
　　——コーピング（対処行動）　99
　　　　問題焦点型——　100
　　　　情動焦点型——　100
　　——反応　98
　　——反応⇒こころの居場所　122-123
　　育児——　67,101,112
　　介護——　101
　　急性——　99-100
　　心理的——　99
　　慢性的——　99-100
ストレッサー　98-100,109
　　潜在的——　99-100
スマートフォン　90,156
セケン　11
世間　12-13
世間空間　11
積極的受容⇒フリーター　40-41
説明スタイル⇒楽観性　161
潜在的ストレッサー　99-100
相互協調的自己観　165,189
相互独立的自己観　189
喪失志向プロセス⇒対象喪失　105-106
草食系男子　72
ソーシャル・サポート　82,92-93,122-123,166,175
　　——源　81
　　——⇒こころの居場所　122-123
損失⇒装い；自己呈示　23

た
体格⇒外見　179-181
大学生の恋愛行動　72
対象喪失　103-107
　　——論　105
対処行動⇒ストレス　99
対処行動⇒被災支援　92
対人関係⇒抑うつ　115
対人コミュニケーション　114-115
対人信頼感　175
対人魅力　176,178
他者との関わり　125

他者とのつながり感　143
他者表現の見聞⇒ブログ　17
タニン　11
溜め込む　28-30
段階理論⇒親密性　152
断捨離　27-30
調節（動機づけ）　126
治療の三角形⇒電話相談　135-136
デートDV　129-132
点⇒自己　156-157
電話相談　54, 133-136
同一化（集団への）　182
動機づけ　20, 126-127
　　　　──の移行　127
道徳規範　48
匿名性⇒電話相談　133-134
匿名でのコミュニケーション　55
友達親子　84
トラウマ　118

な
内在的視点⇒自己　156-157
内集団⇒社会的アイデンティティ理論　182
二重プロセス（過程）モデル⇒対象喪失理論
　　　105-106
日記⇒ブログ　15-16
　　　　──の内容⇒ブログ　15
日誌⇒ブログ　15
　　　　──型⇒ブログ　15
2.5人称⇒被災者支援　138
人間関係希薄化論　56
認知的評価⇒ストレス　99
年齢別人口構成　1-2
能動的なひとり　19

は
パーソナル・スペース　10-13
バーンアウト　109
配偶者間のDV　131
場づくり　139
話を聴く⇒電話相談　134
反抗期　84
番通選択　55
東日本大震災　137-139

悲観　160
ひきこもり支援　127
被災者支援　137-140
被災者と支援者の関係　138
一時の休息場所⇒電話相談　138
人見知り　88-91
ひとり（一人）　18-21
　　　　──でいられる能力　19
　　　　──でいる状態　19
　　　　──の時間　19
　　　　受動的な──　19
　　　　能動的な──　19
ひとりぼっち回避規範　63
ひとりぼっち恐怖　63
備忘録型⇒ブログ　15
不安と抑うつ　175
服装　22-23
服装⇒外見　179-181
復興　137
プライバシー　31-34
　　　　──意識　34
　　　　──志向性　31-33
フリーター　39-42
　　　　──に対する肯定的態度　40
ふれあい回避⇒友人関係　63
ブログ　14-17
プロセスとしての受容⇒フリーター　40-41
文化的自己観　189
便所飯　19, 90
報酬⇒装い；自己呈示　23
ホーディング傾向　28-29
ホープ（希望）　175
ぼっち席　90
ボランティア　92-94, 139-140

ま
マイミク　60
ママ友　66-70
　　　　──への役割期待　67
慢性的ストレス反応　99-100
ミウチ　11
群れ関係⇒友人関係　63
面接との違い⇒電話相談　134
燃え尽き　108-111

もったいない　27-30
元カノ　169-173
元カレ　169-173
元カレ/元カノ関係　169-173
モノ　27-30
問題焦点型対処⇒ストレス　100

や
役割期待⇒ママ友　67
遊戯的ユーモア　174-175
　　　──志向　175
友人関係　62,152-155,188-189
　　　──の希薄化　62-63
ユーモア　174-177
　　　──感知　174
　　　──刺激　174
　　　──に対する態度　175
　　　──表出　174
　　　攻撃的──　174-175
　　　支援的──　174
　　　遊戯的──　174-175
抑うつ　112-115,160
装い　22-26
　　　──の心理的機能　25

　　　──の生理的機能　25
　　　──の役割　25
欲求階層理論　194-195

ら
楽観性　160-164
離愛　75
離脱理論⇒高齢者⇒活動理論　80
ルール違反　12
恋愛行動の発展段階モデル　129
恋愛進展段階の第5段階　129-130
恋愛普及幻想　73-74
恋愛ポジティブ幻想　73-74
老化と近代化の理論⇒高齢者　79
労働力率　4-5
ログ　14
ロス社会　103

わ
輪⇒自己　156-157
若者の恋愛　71-74
笑い　174-177
　　　──と健康　175-176

執筆者紹介 （執筆順；*印は編者）

今川民雄*	はじめに 第1章1，2，5，6，7，9，10 第2章1，2，10 第3章8 第4章8，9，10 おわりに
渡辺　舞*	第1章3，8 第2章3 第4章3
山口　司*	第1章4 第2章5，6，7 第3章2 第4章7
佐藤　梓	第2章4，8
後藤　学	第2章9
大盛久史	第3章1
河原(玉浦)由紀	第3章3
松村貴子	第3章4
渡邊洋平	第3章5
相澤知美	第3章6
蔵本信比古	第3章7
青山琴美	第3章9
尾山とし子	第3章10
信野良太	第4章1
丸山利弥	第4章2
吉田未来	第4章4
青陽千果	第4章5，6
王　　怡	第4章11

編者
今川民雄（いまがわ　たみお）　北星学園大学社会福祉学部教授
山口　司（やまぐち　つかさ）　北星学園大学大学院社会福祉学研究科　研究生
渡辺　舞（わたなべ　まい）　北星学園大学大学院社会福祉学研究科　研究生

人とのつながりとこころ
人と社会を見通す心理学

2015 年 11 月 20 日　初版第 1 刷発行　　定価はカヴァーに表示してあります

　　　　編　者　今川民雄
　　　　　　　　山口　司
　　　　　　　　渡辺　舞
　　　　発行者　中西健夫
　　　　発行所　株式会社ナカニシヤ出版
〒606-8161　京都市左京区一乗寺木ノ本町 15 番地
　　　　Telephone　075-723-0111
　　　　Facsimile　075-723-0095
Website　http://www.nakanishiya.co.jp/
Email　iihon-ippai@nakanishiya.co.jp
　　　　郵便振替　01030-0-13128

装幀＝白沢　正／印刷・製本＝亜細亜印刷株式会社

Copyright © 2015 by T. Imagawa, T. Yamaguchi, and M. Watanabe.
Printed in Japan.
ISBN978-4-7795-0996-4 C0011

GOOGLE, mixi, Facebook, GREE, Mobage, LINE, Twitter などは登録商標ですが，本書中では，TM，(R)マークは表記しておりません。
本書のコピー，スキャン，デジタル化等の無断複製は著作権法上での例外を除き禁じられています。本書を代行業者等の第三者に依頼してスキャンやデジタル化することはたとえ個人や家庭内の利用であっても著作権法上認められておりません。